Tobias Renk ist 1981 im fränkischen Kronach geboren, wo er auch aufgewachsen ist. Er ist als Manager für ein großes Unternehmen tätig und als Keynote Speaker zum Thema Change unterwegs. Nebenbei schreibt er Gedichte und Prosa.

Weitere Informationen finden Sie bei www.tredition.de

Tobias Renk

Time Fucked

Verlag: tredition GmbH, Hamburg

ISBN
Paperback   978-3-7345-7813-7
Hardcover   978-3-7345-7576-1
e-Book   978-3-7345-7577-8

Printed in Germany

Tobias Renk

Time Fucked

Wie Sie Ihre Zeit wieder in den Griff bekommen

Inhalt

Vorwort

Warum sollte heute jemand ein Buch über Zeitmanagement schreiben? Gibt es noch etwas Neues zu diesem Thema zu sagen? Ist das Thema überhaupt noch aktuell? Ich beantworte alle Fragen mit einem eindeutigen Ja!

Unser Leben hat sich grundlegend verändert. Trotz aller Vereinfachungen, die die zunehmende Technisierung unseres Lebens mit sich bringt, scheinen immer mehr Menschen immer weniger Zeit zu haben. Die Herausforderungen an uns sind vielschichtiger, komplexer und belastender als noch vor einigen Jahren. Wir sind global vernetzt, kommunizieren rund um den Globus und sind prinzipiell überall und jederzeit erreichbar. Dass diese Veränderungen Einfluss sowohl auf unsere Arbeitsweise wie auch unser Privat- und Familienleben haben, ist wenig verwunderlich.

Die Fragen, die sich an dieser Stelle ergeben, sind recht einfach: Wie gehe ich damit in meinem Leben um? Wie kann ich mich den Herausforderungen der heutigen Zeit stellen? Was kann ich täglich tun, um mein Leben trotz dieser Einflüsse zu meistern? Warum habe ich oft keine Zeit, das zu tun, was ich eigentlich will? Warum ersticke ich geradezu in Arbeit? Die Antworten auf diese Fragen erscheinen, wenn Sie sie aus der Ferne betrachten, nahezu banal. Lassen Sie sich jedoch auf sie ein, gehen einen Schritt auf sie zu und betrachten sie aus der Nähe, dann werden Sie schnell feststellen, dass sie funktionieren. Dass sie trotz ihrer Einfachheit Wirkung erzeugen.

Provokanter Titel? Ja klar!

Ich gebe es zu: Der Titel dieses Buches ist provokant. Er wirkt herausfordernd, aufreizend und streitsüchtig. Ja, er wirkt nahezu anmaßend. Und das soll er auch! Ich möchte Sie aufrütteln und wachrufen. Ich möchte Sie auf mögliche Stolpersteine hinweisen und mit Ihnen gemeinsam einen Weg beschreiten, der Ihr Leben effizienter, produktiver, ausgeglichener und glücklicher macht.

Was das Buch ist - und was es nicht ist

Das Buch ist mehr als nur eine Einleitung in das weite Themenfeld des Zeitmanagements. Auf einfache und klar verständliche Weise werden zeitlose Prinzipien des Zeitmanagements erklärt. Zusätzlich werden neue Tools vorgestellt und praktische Hilfestellungen gegeben, damit die Prinzipien direkt in der täglichen Arbeit und im Privat- und Familienleben umgesetzt werden können.

Das Buch erhebt keinen Anspruch auf Vollständigkeit. Es deckt nicht alles ab, was jemals zum Thema Zeitmanagement gesagt wurde. Auch ist es keine Zeitmanagement-Bibel. Das ist aber auch gar nicht seine Intention. Vielmehr wurden diejenigen Tools und Methoden ausgewählt, die sich durch meine eigene Anwendung als sinnvoll erwiesen haben. Das Buch möchte nicht erschöpfend über das Thema Zeitmanagement berichten, sondern eine Unterstützung für Sie sein, damit Sie Ihre Zeit besser nutzen können, für ein erfolgreicheres, zufriedeneres und glücklicheres Leben.

Wer von dem Buch profitiert

Dieses Buch ist für all die Menschen geschrieben worden, die die Ihnen zur Verfügung stehende Zeit besser und intensiver nutzen wollen. Dabei ist es nebensächlich, ob Sie Manager in einem großen Unternehmen, hoffnungsvolle und ehrgeizige Nachwuchsführungskraft, gefrusteter Mitarbeiter, der in seinem beruflichen Alltag unzufrieden ist, weil er unter der Last der zu bewältigenden Fülle an Aufgaben schier untergeht, selbstständiger Unternehmer, freiberuflicher Trainer oder Coach, gestresster Student – die Liste ist beliebig erweiterbar – sind.

Bevor es richtig losgeht

Für Begriffe, die sowohl eine männliche als auch eine weibliche Form besitzen, wird durchgehend die männliche

Form verwendet. Dies geschieht lediglich zur besseren Lesbarkeit des Textes und soll nicht diskriminierend sein.

Dieses Buch ist kein Ratgeber im eigentlichen Sinn. Es soll Sie zur Tat animieren. Wenn Sie vorankommen wollen, dann müssen Sie aktiv werden! Um Sie bei der Umsetzung der Inhalte zu unterstützen, finden Sie Übungen am Ende eines jeden Kapitels.

Es wird kein Spaziergang. Aber das habe ich auch nie behauptet. Jetzt lade ich Sie ein, sich mit mir auf die Reise zu begeben. Lassen Sie uns loslegen!

Kapitel 1:
Was steckt hinter Zeitmanagement

Es ist nicht zu wenig Zeit, die wir haben,
sondern es ist zu viel Zeit, die wir nicht nutzen.

Seneca

Zeit ist ein wertvolles, aber begrenztes Gut. Umso wichtiger ist es, dass wir mit der uns zur Verfügung stehenden Zeit sensibel umgehen und sie bewusst nutzen. Leider gelingt uns das nicht immer. Ein erster Schritt auf dem Weg dorthin ist die Identifizierung von Zeitdieben, Zeitfressern und Zeitfallen. Am einfachsten und übersichtlichsten gelingt dies durch die Aufstellung eines Zeitnetzes.

Sebastian ist frustriert. Eigentlich wollte er sich heute Abend mit einem Freund im Fitness-Studio treffen. Aber das wird ganz sicher nichts. Er hat einfach zu viel zu tun. Ihm wird ganz übel, wenn er seine Inbox anschaut. Noch so viele Emails, die er nicht bearbeitet hat. Wo ist bloß die Zeit geblieben? Heute Morgen, als er zur Arbeit kam, sah das alles noch ganz anders aus. Ohne es wirklich zu merken, lief ihm die Zeit einfach davon. Nein, es ist nicht zu schaffen. Heute Abend muss er auf jeden Fall absagen – schon wieder. An die Steuererklärung, die zuhause auf ihn wartet, will er erst gar nicht denken. Die liegt schon seit Wochen unbearbeitet herum. Und wo ist eigentlich nochmal das Protokoll von der Besprechung von Montag? Das hatte er doch extra ausgedruckt. Das darf doch alles nicht wahr sein, denkt Sebastian. Es muss sich etwas ändern …

Sind Sie ein guter Zeitmanager?

Bevor wir uns in diesem ersten Kapitel des Buches näher damit auseinandersetzen, was hinter dem Thema Zeitmanagement steckt, lassen Sie uns zunächst einen Test machen um festzustellen, wie gut Sie als Ihr eigener Zeitmanager sind.

Lesen Sie jeden der zehn nachfolgenden Sätze durch und entscheiden Sie, ob er auf Ihre Situation zutrifft. Wenn ja, dann kreuzen Sie ihn an. Wichtig ist dabei, dass Sie sich selbst gegenüber ehrlich sind. Schonungslose Offenheit am Anfang ist schon der halbe Weg!

Zeitmanagement-Test

Sind Sie ein guter Zeitmanager?

☐ Natürlich leide ich unter Zeitnot. Das geht ja wohl vielen Berufstätigen so.

☐ Oft muss ich viele Dinge gleichzeitig erledigen. Das stresst mich.

☐ Hohe Verantwortung und kurzfristige Termine stressen mich zusätzlich.

Oft „werde ich gearbeitet". Ich darf nur reagieren.
☐ Dadurch, dass viele mich in Anspruch nehmen, rotiere ich.

☐ Am Tag gibt es viele Störungen, sodass ich häufig meine eigentliche Arbeit erst nach „Feierabend" hinbekomme.

☐ Ständig gibt es diesen Konflikt zwischen Freizeit und Arbeit bei mir. Mir fehlt oft die Zeit für meine Hobbys.

☐ Ich schiebe Dinge auf, wenn ich die Möglichkeit dazu habe. Vor allem, wenn ich sie nicht mag.

☐ Ich helfe anderen gern, wenn sie mich fragen. Dann steht meine Arbeit eben hinten an.

☐ So wie die Arbeit kommt, wird sie erledigt. Eine bestimmt Reihenfolge habe ich nicht.

☐ Nein sagen fällt mir verdammt schwer. Dadurch lade ich mir zu viel Arbeit auf, auch wenn mich dann nicht alles wirklich voran bringt.

Auswertung

Für die Auswertung addieren Sie jetzt alle Kreuze. Schauen Sie nach, in welchem Bereich Sie sich befinden und was das bedeutet.

0-2 Punkte: Sie sind ein guter Zeitmanager. Mit Ihrer Zeit gehen Sie verantwortungsvoll um. Sie wissen, was Ihnen wichtig ist.

3-7 Punkte: Sie sind ein durchschnittlicher Zeitmanager. Nehmen Sie die Hinweise dieses Buches gut auf. Wichtige Fragen, die Sie zu klären haben, sind: Haben Sie Ihre Ziele richtig gesetzt? Sind Sie gut organisiert?

8-10 Punkte: Es gibt viel zu tun. Es besteht akute Gefahr, dass die Balance zwischen Arbeit und Freizeit kippt – mit hoher Wahrscheinlichkeit ist sie das sogar bereits. Arbeiten Sie aktiv an Ihrem Zeitmanagement. Es ist höchste Zeit!

In welchem Bereich befinden Sie sich? Wenn Sie ein guter Zeitmanager sind, dann nutzen Sie die Inhalte dieses Buches als Wiederholung und perfektionieren Sie Ihr Zeitmanagement. Sollten Sie jedoch kein guter Zeitmanager sein, dann lassen Sie uns gemeinsam daran arbeiten, aus Ihnen einen echten Experten zum Thema Zeitmanagement zu machen.

Lassen Sie uns zunächst anschauen, warum Zeit als so kostbar angesehen wird. Das liegt daran, dass Zeit nicht nur ein sehr wertvolles, sondern auch ein begrenztes Gut ist. Warum ist das so? Zeit ist knapp. Sie können sie nicht im Geschäft oder im Internet kaufen, sie nicht ansparen, anlegen oder lagern. Auch können Sie Zeit nicht vermehren. Sie vergeht einfach und kann nicht zurückgeholt werden. Zeit ist also wirklich sehr kostbar. Umso wichtiger ist es, dass Sie sich aktiv mit der Thematik Zeitmanagement auseinandersetzen.

Heute ist der erste Tag vom Rest Ihres Lebens

In Deutschland beträgt die durchschnittliche Lebenserwartung für Frauen 82 Jahre und für Männer 77 Jahre. Lassen Sie uns ein kleines Experiment machen, um Ihnen die Bedeutung von Zeit als wertvollem Gut zu verdeutlichen. Nehmen Sie ein Maßband in die Hand und schneiden Sie es bei 82 cm, wenn Sie eine Frau sind, oder bei 77 cm, wenn Sie ein Mann sind, ab. Das entspricht – zumindest statistisch gesehen – Ihrer Lebenserwartung. Nehmen Sie jetzt einen schwarzen Stift und malen Sie an die Stelle, die Ihrem jetzigen Alter entspricht, einen Punkt. Wenn Sie die Dramaturgie noch etwas steigern möchten, dann malen Sie jetzt alles links dieses Punktes schwarz. Dieser Bereich stellt Ihre Vergangenheit dar, also all das, was Sie bereits in Ihrem Leben erlebt haben (ob das gut oder schlecht war sei mal dahingestellt). Der Bereich rechts des schwarzen Punktes stellt die Ihnen noch verbleibende Zeit dar. Ist dieser Bereich noch sehr groß? Oder eher schon erschreckend klein? So oder so, Ihre Lebensdauer ist begrenzt. Und alles was Sie tun können ist, diese Zeit so gut und intensiv wie möglich zu nutzen.

Von Zeitdieben, Zeitfressern und Zeitfallen

In diesem Kapitel werden wir uns damit beschäftigen, was uns eigentlich unsere Zeit raubt. Lassen Sie uns aber zunächst mit Hilfe einer einfachen Betrachtung das enorme Potenzial von gutem Zeitmanagement erkennen.

Nehmen wir einmal an, Sie verlieren pro Tag in etwa eine Stunde, weil Sie noch kein optimales Zeitmanagement betreiben. Im Jahr sind das circa 300 Stunden. Ich weiß, das ist eine sehr grobe Betrachtung, aber darauf kommt es hier nicht an. 300 Stunden entsprechen in etwa 12,5 Tagen. In einem Jahr verschwenden Sie also fast zwei Wochen Ihrer wertvollen Zeit, weil Sie kein richtiges Zeitmanagement betreiben. Spinnen wir das Ganze noch etwas weiter. In 30 Jahren haben Sie dann 375 Tage verschwendet. Das ist mehr als ein ganzes Jahr Ihres Lebens!

Diese kurze Betrachtung macht deutlich, wie wichtig Zeitmanagement für jeden von uns ist, und dass es sich lohnt, sich intensiv mit diesem Thema und den damit verbundenen Techniken zu beschäftigen.

Zurück zu den Dingen, die Ihnen Ihre Zeit rauben. Man spricht dabei von Zeitdieben, Zeitfressern und Zeitfallen. Was steckt hinter diesen Begriffen?

Unter Zeitdieben versteht man unerwartete Ereignisse. Das kann ein privater Telefonanruf auf der Arbeit sein oder die Einladung eines Kollegen zum Kaffeetrinken. Auch ein gelegentlicher Plausch unter Kollegen auf dem Flur ist ein Zeitdieb. Was können Sie dagegen tun? Lernen Sie freundlich, aber bestimmt Nein zu sagen.

> Es gibt Diebe, die nicht bestraft werden und einem doch das Kostbarste stehlen: die Zeit.
>
> *Napoleon*

Verabreden Sie sich zum Beispiel zu einem anderen Zeitpunkt, um den neuesten Klatsch auszutauschen, wenn es Ihnen im Moment ungelegen ist. Ihre Kollegen werden das akzeptieren, ohne dass dadurch das Betriebsklima darunter leidet.

Zeitfresser sind unbeliebte Aufgaben. Aber wie das nun mal so ist, auch unbeliebte Aufgaben müssen erledigt werden. Je nachdem, was Ihr Aufgabenbereich ist, kann man unter Zeitfresser das Bearbeiten der Ablage verstehen oder das Sortieren von Emails. Auch den Haushalt auf Vordermann bringen, die Wäsche machen und Einkäufe erledigen zählt dazu. Hier sollten Sie durchaus mal Fünfe gerade sein lassen. Lernen Sie locker zu bleiben und setzen Sie sich vor allem im Privaten nicht zu sehr unter Druck. Organisieren Sie sich: Gehen Sie zum Beispiel einmal pro Woche einkaufen, anstatt jeden zweiten Tag. Das schafft Ihnen viel Zeit für andere Dinge, die Sie für wichtiger erachten. Oder nehmen Sie sich eine Putzhilfe, die Sie im Haushalt unterstützt. Das mag für Sie jetzt befremdlich klingen. Aber denken Sie doch einmal darüber nach, wie viel Zeit Sie für Ihren Haushalt benötigen und was Sie in dieser Zeit alles unternehmen könnten. Dazu kommt, dass Putzhilfen durchaus erschwinglich sind. Vor allem bei Selbstständigen ist die Rechnung eine einfache. Überlegen Sie nur mal, was Sie in der Zeit hätten verdienen können, die Sie mit dem Haushalt beschäftigt waren? Ist das mehr als Sie für eine Putzhilfe hätten ausgeben müssen? Damit ist die Entscheidung doch sehr einfach geworden. Nicht nur müssen Sie sich jetzt nicht mehr um den ungeliebten Haushalt kümmern, auch bringen Sie Ihre Selbstständigkeit voran.

> Für jeden Einsichtigen gibt es keinen größeren Schmerz als den, seine Zeit verloren zu haben.
>
> *Giovanni Boccaccio*

Eine Bemerkung in eigener Sache: Ich kenne einige Menschen, die sehr gerne putzen, weil Sie sich – glauben Sie es oder nicht – dabei entspannen können. Wenn es Ihnen genauso geht, dann ist das gut so und Sie sollten das beibehalten.

Zeitfallen entstehen, wenn die Zeit für das Erledigen einer Aufgabe falsch eingeschätzt wurde. Ein

Projekt läuft aus dem Ruder und zusätzliche Aufgaben tauchen auf, die nicht eingeplant waren. Hier ist es wichtig, dass Sie lernen, gründlich zu planen. Planen Sie durchaus Pufferzeiten mit ein, lernen Sie Nein sagen, delegieren Sie Aufgaben, konzentrieren Sie sich auf das Wesentliche. Legen Sie Etappenziele, sogenannte Meilensteine fest. Diese sind oft flexibler handhabbar als der fixe Endtermin.

Wir haben kennengelernt, was sich hinter den Begriffen Zeitdiebe, Zeitfresser und Zeitfallen versteckt. Wichtig ist jedoch, dass Sie persönlich feststellen, was Ihnen Ihre Zeit stiehlt.

Das Zeitnetz

Eine einfache Möglichkeit festzustellen, was Ihnen Ihre Zeit raubt, bietet das Zeitnetz, das auf der nächsten Seite dargestellt ist. Es entspricht einer Mind Map, wird jedoch ausschließlich dazu verwendet, zeitliche Anforderungen in verschiedenen Bereichen Ihres Lebens zu identifizieren.

Überlegen Sie, was die großen Bereiche Ihres Lebens sind. Das können zum Beispiel Familie, Hobby, Beruf oder weitere Bereiche sein. Jeder Bereich bildet einen Strang des Zeitnetzes. Überlegen Sie jetzt, was in den einzelnen Bereichen Zeit in Anspruch nimmt. Für den Bereich Familie kann das zum Beispiel die bereits erwähnte Hausarbeit sein oder das Erledigen der Einkäufe. Wenn Sie die einzelnen Bereiche auch noch quantifizieren können, umso besser. Das ist allerdings an dieser Stelle nicht unbedingt notwendig. Am Ende erhalten Sie ein vollständiges Zeitnetz, das Ihnen auf übersichtliche Art und Weise zeigt, wofür Sie Ihre Zeit verwenden. Ist es so, wie Sie es sich vorgestellt haben? Gefällt Ihnen die Aufteilung Ihrer Zeit auf die unterschiedlichen Bereiche? Jetzt können Sie anpacken und etwas dagegen unternehmen, um Ihre Zeit bewusster zu nutzen!

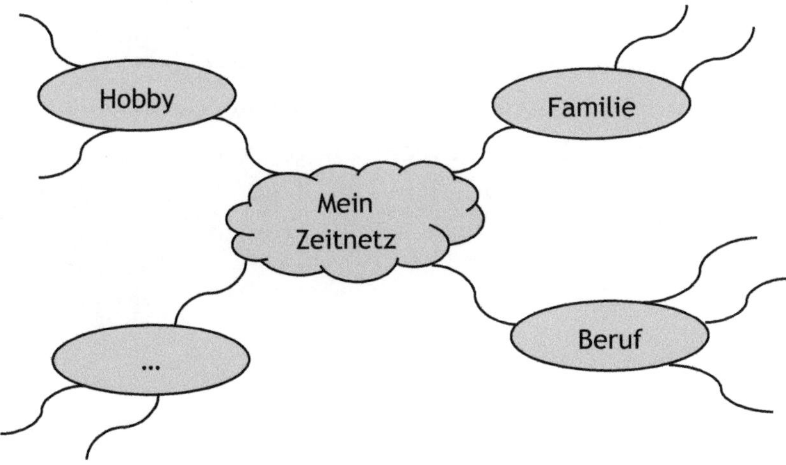

Was heißt nun also Zeitmanagement? Wir haben in diesem ersten Kapitel kennengelernt, dass Zeit nicht gespart und angehäuft werden kann. Zeitmanagement heißt demnach nicht, Zeit zu sparen, sondern die uns zur Verfügung stehende Zeit bewusst zu nutzen. Oder, um es in den Worten von Peter F. Drucker zu sagen: „Zeitmanagement heißt nicht, Dinge richtig zu tun, sondern die richtigen Dinge zu tun."

Auf den Punkt gebracht

- Zeit ist ein wertvolles, aber begrenztes Gut.
- Zeit wird uns durch Zeitdiebe, Zeitfresser und Zeitfallen geraubt. Diese gilt es zu erkennen und zu identifizieren. Dies kann auf einfache Art und Weise durch ein Zeitnetz erfolgen.
- Zeitmanagement bedeutet, Zeit bewusst zu nutzen. Es bedeutet nicht, Dinge richtig zu tun, sondern die richtigen Dinge zu tun.

Übungen

Identifizieren Sie Ihre Zeitdiebe, Zeitfresser und Zeitfallen, indem Sie Ihr persönliches Zeitnetz aufstellen!

Noch ein Hinweis in eigener Sache: In etwa 10 bis 15% der Leser machen wirklich die Übungen, die in Büchern angeboten werden. Der Rest begnügt sich damit, Übungen einfach nur zu lesen. Es sollte nicht notwendig sein, trotzdem möchte ich an dieser Stelle noch einmal darauf hinweisen, dass Sie erst dann das Optimum aus diesem Buch herausholen, wenn Sie die Übungen wirklich machen.

Kapitel 2: Wie Sie Ziele richtig setzen

Zeitmanagement kann nur mit dem Festlegen der richtigen Ziele erfolgreich sein. Ziele sollten jedoch nicht nur auf den beruflichen Bereich beschränkt werden. Durch die Kombination beruflicher und privater Ziele entsteht Ihr Lebenskonzept. Ziele werden auf der Basis individueller Werte festgelegt. Ein einfaches Hilfsmittel zum Festlegen von Zielen ist das 6-Stufen-Modell. Es hilft, Ziele in Zwischenziele zu unterteilen und einen realisierbaren Maßnahmenplan zu entwickeln. Durch die passende Priorisierung dieser Maßnahmen wenden Sie sich zuerst denjenigen Aufgaben zu, die am wichtigsten sind. Das ist der Kerngedanke von Zeitmanagement.

Sebastian ruft seinen alten Freund Benedikt an. Beide kennen sich bereits seit der Schulzeit. Benedikt ist mittlerweile ein erfolgreicher Keynote Speaker geworden. Sicher kann er Sebastian ein paar Tipps geben.

Benedikt freut sich über den Anruf seines alten Freundes. Ohne große Umschweife kommt er auf das Thema Zeitmanagement zu sprechen. „Das wird von vielen unterschätzt, ist aber immens wichtig", meint Benedikt. Sebastian kommt ins Grübeln. Sollte er sich vielleicht doch einmal mit dem Thema auseinandersetzen?

Beide reden noch ein bisschen über alte Zeiten. Dann bedankt sich Sebastian für das Gespräch und beide verabreden sich zum Abendessen in zwei Wochen. Dann klappt Sebastian den Laptop auf und sucht nach dem Buch, das Benedikt ihm empfohlen hat.

Werteermittlung und Zielfestlegung

Im zweiten Kapitel dieses Buches beschäftigen wir uns damit, wie wichtig es für Ihr Zeitmanagement ist, Ziele richtig zu setzen. Denn, Zeitmanagement ohne Zielsetzung kann nur scheitern. Warum ist das so? Stellen Sie sich vor, Sie möchten eine Wanderung machen. Aber Sie wissen nicht genau wohin. Sie laufen einfach los – planlos. Das führt am Ende dazu, dass Sie völlig unnötige Wege gehen. Und genau das kostet wertvolle Zeit.

Was aber sind Ziele? Sicher haben Sie zuerst an berufliche Ziele gedacht. Ein neuer Job, mehr Verantwortung, mehr Gehalt. Zeitmanagement bezieht sich aber nicht nur auf berufliche Aspekte, sondern in großem Maß auch auf Ihren privaten Bereich. Eine einfache, einprägsame Gleichung schildert dies anschaulich: Die Summe aus Ihren beruflichen und Ihren privaten Zielen ergibt Ihre Lebensplanung. So wird an dieser Stelle noch einmal die enorme Bedeutung von Zeitmanagement deutlich: Zeitmanagement heißt Lebensmanagement. Glück fühlen Sie im Hier und Jetzt, aber Zufriedenheit mit Ihrem Leben ergibt sich oft aus der Betrachtung der Vergangenheit. Nicht ohne Stolz können Sie rückblickend dann sagen: „Das alles habe ich geschafft!"

> Jeder Sekundenschlag reißt uns dem Sterbebette näher.
>
> *Ludwig Hölty*

Wie legen Sie nun Ihre Ziele fest? Woher wissen Sie, was Sie wirklich wollen, was Sie glücklich und zufrieden macht? Das geschieht dadurch, dass Sie sich Ihrer eigenen Werte bewusst werden und auf Basis dieser Ihre Ziele formulieren.

Nehmen Sie zum Ermitteln Ihrer Werte einfach ein leeres Blatt Papier und schreiben Sie – zunächst ohne besondere Reihenfolge – zehn Werte auf, die Ihnen wichtig sind. Falls es Ihnen schwerfällt, die passenden Werte zu finden, dann nehmen Sie doch einfach die folgende Liste von möglichen Werten zur Hand und kreisen Sie diejenigen ein, die Ihnen als wichtig erscheinen.

Hilfestellung: Stellen Sie sich dabei Situationen in der Zukunft vor, in denen Sie bereits das erreicht haben, was Sie sich wünschen. Welche der nachfolgenden Werte beschreiben diese Situationen am besten?

Wichtig: Es geht dabei um Ihre Werte, nicht um die Werte, die andere in Ihnen sehen. Seien Sie also ehrlich zu sich selbst und blenden Sie für den Moment Meinungen von außen aus.

Werte-Liste

Was sind Ihre persönlichen Werte?

Abenteuer, Abwechslung, Achtsamkeit, Aggressivität, Akzeptanz, Anerkennung, Anpassungsfähigkeit, Anstand, Antrieb, Anwendbarkeit, Anziehungskraft, Aufgeschlossenheit, Aufopferung, Aufrichtigkeit, Ausdauer, Ausdrucksfähigkeit, Ausgeglichenheit, Ausgelassenheit, Authentizität, Ästhetik

Bedachtsamkeit, Beflissenheit, Bedeutung, Befreiung, Begeisterung, Begierde, Beharrlichkeit, Beherrschung, Beliebtheit, Bereitschaft, Bereitwilligkeit, Bescheidenheit, Beschränkung, Besonnenheit, Bestätigung, Bestimmung, Bindung, Brauchbarkeit, Brillanz

Charisma, Charme, Coolness

Dankbarkeit, Demut, Diplomatie, Diskretion, Disziplin, Dominanz, Dreistigkeit, Durchsetzungsvermögen, Dynamik

Effektivität, Effizienz, Ehre, Ehrfurcht, Ehrgeiz, Ehrlichkeit, Eifer, Eigenständigkeit, Einfachheit, Einfallsreichtum, Einfluss, Einfühlungsvermögen, Einheit, Einsamkeit, Einsicht, Einzigartigkeit, Ekstase, Eleganz, Empathie, Energie, Engagement, Entdeckung, Enthusiasmus, Entschlossenheit, Entschiedenheit, Entspannung, Erfahrung, Erfolg, Erfindungsgabe, Erhabenheit, Erholung, Ermutigung, Ernsthaftigkeit, Errungenschaft, Ethik, Expertise, Extravaganz, Exzellenz

Fähigkeit, Fairness, Familie, Faszination, Finanzielle Unabhängigkeit, Fitness, Fleiß, Flexibilität, Fokus, Freiheit, Freizügigkeit, Freude, Freundlichkeit, Freundschaft, Frieden, Frohsinn, Frömmigkeit, Führung, Furchtlosigkeit, Fürsorge

Gastfreundschaft, Geben, Gehorsam, Gelassenheit, Genauigkeit, Genügsamkeit, Genuss, Gerechtigkeit, Gerissenheit, Geschicklichkeit, Geschwindigkeit, Geselligkeit, Gesundheit, Gewandtheit, Gewinn, Glaube, Glaubwürdigkeit, Glück, Gnade, Großzügigkeit, Gründlichkeit, Gutmütigkeit

Harmonie, Hartnäckigkeit, Heimlichkeit, Heiterkeit, Herausforderung, Herz, Herzlichkeit, Hilfsbereitschaft, Hingabe, Hochgefühl, Hoffnung, Höflichkeit, Humor, Hygiene

Idealismus, Innovation, Inspiration, Integrität, Intelligenz, Intensität, Intimität, Introvertiertheit, Intuition

Kameradschaft, Klugheit, Komfort, Kommunikation, Kontinuität, Kontrolle, Kooperation, Kreativität, Kühnheit

Lebendigkeit, Lernen, Lebhaftigkeit, Leidenschaft, Leistung, Liebe, Loyalität, Lust

Macht, Männlichkeit, Mäßigung, Milde, Minimalismus, Mitgefühl, Mode, Motivation, Mündigkeit, Mut

Nachdenklichkeit, Nachhaltigkeit, Nächstenliebe, Nähe, Neugier, Nutzen

Offenheit, Opportunismus, Optimismus, Optimierung, Ordnung, Organisation, Originalität

Perfektion, Pflege, Pflicht, Positives Denken, Potenz, Pragmatismus, Präsenz, Präzision, Privatsphäre, Proaktivität, Produktivität, Professionalität, Pünktlichkeit

Qual, Qualität, Querdenken

Raffinesse, Realismus, Reflektion, Reichhaltigkeit, Reichtum, Reife, Reinheit, Reinlichkeit, Religiosität, Respekt, Revolution, Ruhe, Ruhm

Sauberkeit, Scharfsinn, Schläue, Schönheit, Selbstbeherrschung, Selbstentwicklung, Selbstliebe, Selbstlosigkeit, Selbstvertrauen, Sensitivität, Sexualität, Sicherheit, Signifikanz, Sinn, Sinnlichkeit, Solidarität, Sorgfalt, Spannung, Sparsamkeit, Spaß, Spiritualität, Spontaneität, Stabilität, Stärke, Stille, Strebsamkeit, Strenge, Struktur, Sympathie

Tapferkeit, Teamplay, Teilnahme, Tiefe, Toleranz, Tradition, Transzendenz, Treue, Tugend

Überfluss, Überlegenheit, Überraschung, Überzeugung, Umgänglichkeit, Unabhängigkeit, Unerschrockenheit, Unparteilichkeit, Unterhaltung, Unterstützung, Unterscheidung, Unverfälschtheit, Unvoreingenommenheit

Verantwortung, Verbindung, Vergebung, Verehrung, Vergnügen, Vermögen, Vernunft, Verständnis, Vertrauen, Verwandtschaft, Vielfalt, Vision, Vitalität, Vollendung

Wachsamkeit, Wachstum, Wahrheit, Wahrnehmung, Wärme, Weiblichkeit, Weisheit, Wertschätzung, Widerstandsfähigkeit, Wirksamkeit, Wirtschaftlichkeit, Wissen, Wissensdurst, Witz, Wohlbefinden, Wohlstand, Wohlwollen, Würde

Zeitlosigkeit, Zufriedenheit, Zugänglichkeit, Zugehörigkeit, Zuneigung, Zuverlässigkeit, Zweck

Haben Sie mehr als zehn Werte eingekreist? Keine Sorge, das ist sehr oft der Fall. Jetzt ist es allerdings entscheidend, dass Sie eine erste Vorauswahl treffen. Schreiben Sie nun also die zehn Werte auf das Blatt Papier, die Ihnen am wichtigsten sind. Diese müssen dabei noch in keiner bestimmten Reihenfolge sein.

> Es ist nicht schwierig Entscheidungen zu treffen, wenn man seine Werte kennt.
>
> *Stephen R. Covey*

Um die Werte nun in die richtige Reihenfolge zu bringen, das heißt der Wichtigkeit nach zu ordnen, müssen Sie jeden Wert mit jedem anderen Wert einmal vergleichen. Sie entscheiden dann jeweils, ob der Wert wichtiger oder weniger wichtig für Sie ist als die anderen Werte. Eine hilfreiche Unterstützung bietet hier das Werte-Gitter. Dessen Funktionsweise wird im Folgenden anhand eines Beispiels erläutert.

Wert	1	2	3	4	5	6	7	8	9	10
1										
2	+									
3	+	-								
4	+	+								
5	-									
6	-				+					
7	-				+	-				
8	+	+		-						
9	+	-	+							
10	-				-					

Auswertung

5	5	5	5	10	10
6	6	6	6	5	5
7	7	7	7	6	7
10	10	10	10	7	6

1	1	1	1	1	1
2	3	3	3	3	3
3	9	9	9	9	9
4	2	2	2	2	2
8	4	4	8	8	8
9	8	8	4	4	4

Tragen Sie Ihre Werte einmal vertikal und einmal horizontal ein. Die Reihenfolge spielt hier noch keine Rolle. Die Fläche oberhalb der Gitter-Diagonale brauchen Sie nicht zu berücksichtigen (weiße Felder). Lassen Sie uns jetzt die Spalte unterhalb von Wert 1 anschauen (Spalte 2). Diese gehen Sie jetzt nach unten und entscheiden jeweils, ob Wert 1 wichtiger (+) oder weniger wichtig (-) als der entsprechende Wert in der Zeile ist. Da Wert 1 mit jedem anderen Wert verglichen werden muss, sind alle Flächen dunkelgrau. Schauen Sie sich jetzt die Auswertung an. Durch den Vergleich von Wert 1 mit allen anderen Werten haben Sie zwei Gruppen gebildet. Diejenigen Werte, die wichtiger sind als Wert 1 (5, 6, 7, 10), und diejenigen, die weniger wichtig sind als Wert 1 (2, 3, 4, 8, 9).

Wichtig: Die Reihenfolge innerhalb der Gruppen ist noch nicht bekannt!

Jetzt nehmen Sie sich die Spalte unterhalb von Wert 2 vor (Spalte 3). In Schritt 1 haben Sie festgelegt, dass Wert 1 wichtiger ist als Wert 2. Deshalb müssen Sie die Werte, die noch wichtiger sind als Wert 1 nicht mehr mit Wert 2 vergleichen (hellgraue Felder). Also vergleichen Sie Wert 2 nur mit denjenigen Werten, die innerhalb der gleichen Gruppe sind. Durch diesen Schritt teilen Sie diese Gruppe in zwei weitere Gruppen (Gruppe 3, 9 und Gruppe 4, 8). Im dritten Schritt nehmen Sie sich die Gruppe 3, 9 vor und vergleichen beide Werte miteinander. Im Beispiel ist Wert 3 wichtiger als Wert 9 und steht demnach über diesem in der Auswertungsspalte. Diese Verfahren setzen Sie fort, bis Sie alle Gruppen aufgelöst haben. Dann haben Sie Ihre zehn Werte nach Ihrer Wichtigkeit für Sie geordnet. Im Beispiel ist Wert 10 der wichtigste Wert, gefolgt von Wert 5, Wert 7, Wert 6, …

Nehmen Sie nun die ersten fünf Werte und legen Sie unter Berücksichtigung dieser Ihre Ziele fest. Wie das genau funktioniert, erklärt das 6-Stufen Modell.

Das 6-Stufen-Modell

Das 6-Stufen-Modell bringt auf einfache Weise Ihre Ziele und die erwünschten Erfolge in Verbindung. So schaffen Sie es, sich Stück für Stück Ihren großen Zielen zu nähern.

Wie funktioniert das 6-Stufen-Modell? Das ist ganz einfach. In Schritt 1 legen Sie Ihre Ziele schriftlich fest. Schriftliches Festlegen ist sehr wichtig, da es Verbindlichkeit schafft und Sie damit an Ihr Ziel erinnert. Denken Sie daran, dass Ihre Ziele auf Ihren Werten basieren. Nur so können Sie sich sicher sein, dass Sie diese Ziele auch wirklich erreichen wollen. Anderenfalls, also wenn Sie Ziele festlegen, die nicht Ihren Werten entsprechen oder sogar gegensätzlich zu diesen sind, laufen Sie Gefahr, sich selbst zu sabotieren und sich erhöhtem Stress auszusetzen. Um sicher zu gehen, dass Ihre Ziele auf Basis Ihrer Werte festgelegt wurden, können Sie abschließend durch einen einfachen Test eine Überprüfung vornehmen. Hierzu legen Sie eine Tabelle an, in der Sie in die erste Spalte Ihre Ziele schreiben, in die zweite Spalte Ihre Werte und in die dritte Spalte eine Bewertung, inwieweit die Ziele den Werten entsprechen. Die Bewertung kann entweder positiv sein (das Ziel entspricht dem Wert), neutral oder negativ (das Ziel entspricht nicht dem Wert).

Wichtig: Ordnen Sie jedem einzelnen Ziel Ihre fünf wichtigsten Werte zu und bewerten Sie pro Ziel-Wert-Paar, inwieweit eine Übereinstimmung vorhanden ist.

Zählen Sie dann die positiven Bewertungen pro Ziel zusammen. Ihre Ziele stimmen dann mit Ihren werten überein, wenn die Mehrzahl, also mindestens drei der Bewertungen positiv sind.

Im nachfolgenden Beispiel (Ziele-Werte-Check) sehen Sie, dass das Ziel „Jeden Montag 2 Stunden ins Fitness-Studio gehen" drei positive Bewertungen bekommen hat und somit ein zu den Werten „passendes" Ziel darstellt.

Ziele-Werte-Check

Stimmen Ihre Ziele mit Ihren Werten überein?

Ziel	Wert	Bewertung
Jeden Montag 2 Stunden ins Fitness-Studio gehen	Anerkennung	positiv
Jeden Montag 2 Stunden ins Fitness-Studio gehen	Bestätigung	positiv
Jeden Montag 2 Stunden ins Fitness-Studio gehen	Komfort	neutral
Jeden Montag 2 Stunden ins Fitness-Studio gehen	Genügsamkeit	negativ
Jeden Montag 2 Stunden ins Fitness-Studio gehen	Sexualität	positiv
Gehalt bis Ende des Jahres um 10% steigern	Anerkennung	positiv
…	…	…

In Schritt 2 zerteilen Sie nun Ihre „großen" Ziele aus Schritt 1 in einzelne, kleinere Teilziele. Das bezeichnet man als Salami-Taktik nach Descartes, weil Sie Ihre „großen" Ziele in viele kleine Salamischeiben unterteilen. Erinnern Sie sich an Beppo den Straßenkehrer aus Michael Endes Roman Momo. Der Straßenkehrer hat nicht die gesamte Straße im Blick, denn das würde ihn nur demotivieren. Stattdessen arbeitet er sich Stück für Stück voran, um am Ende sein Ziel, das Kehren der gesamten Straße, erreicht zu haben.

Beppo der Straßenkehrer

(Aus dem Buch „Momo" von Michael Ende)

„Siehst du, Momo", sagte er dann zum Beispiel, „es ist so: Manchmal hat man eine sehr lange Straße vor sich. Man denkt, die ist so schrecklich lang; das kann man niemals schaffen, denkt man."

Er blickte eine Weile schweigend vor sich hin, dann fuhr er fort: „Und dann fängt man an, sich zu beeilen. Und man eilt sich immer mehr. Jedes Mal, wenn man aufblickt, sieht man, dass es gar nicht weniger wird, was noch vor einem liegt. Und man strengt sich noch mehr an, man kriegt es mit der Angst, und zum Schluss ist man ganz außer Puste und kann nicht mehr. Und die Straße liegt immer noch vor einem. So darf man es nicht machen."

Er dachte einige Zeit nach. Dann sprach er weiter: „Man darf nie an die ganze Straße auf einmal denken, verstehst du? Man muss nur an den nächsten Schritt denken, an den nächsten Atemzug, an den nächsten Besenstrich. Und immer wieder nur an den nächsten." Wieder hielt er inne und überlegte, ehe er hinzufügte: „Dann macht es Freude; das ist wichtig, dann macht man seine Sache gut. Und so soll es sein."

Und abermals nach einer langen Pause fuhr er fort: „Auf einmal merkt man, dass man Schritt für Schritt die ganze Straße gemacht hat. Man hat gar nicht gemerkt wie, und man ist nicht außer Puste."

Er nickte vor sich hin und sagte abschließend: „Das ist wichtig."

In Schritt 3 formulieren Sie nun Maßnahmen, mit denen Sie die jeweiligen Zwischenziele erreichen möchten. Ordnen Sie in Schritt 4 die Maßnahmen nach Prioritäten und Terminen. Fällt es Ihnen schwer, die Maßnahmen zu priorisieren? Keine Sorge, wir werden uns gleich eingehender mit dem Thema Priorisierung beschäftigen. In Schritt 5 erledigen Sie nun alle vorher festgelegten Maßnahmen nach Plan. Schließlich kontrollieren Sie Ihre Fortschritte und Ergebnisse in Schritt 6. Haben Sie ein Zwischenziel erreicht (Box „Erfolge"), so können Sie sich dem nächsten Zwischenziel (Box „Ziele") widmen. Dieser Kreislauf geht so lange, bis Sie schließlich Ihre „großen" Ziele erreicht haben.

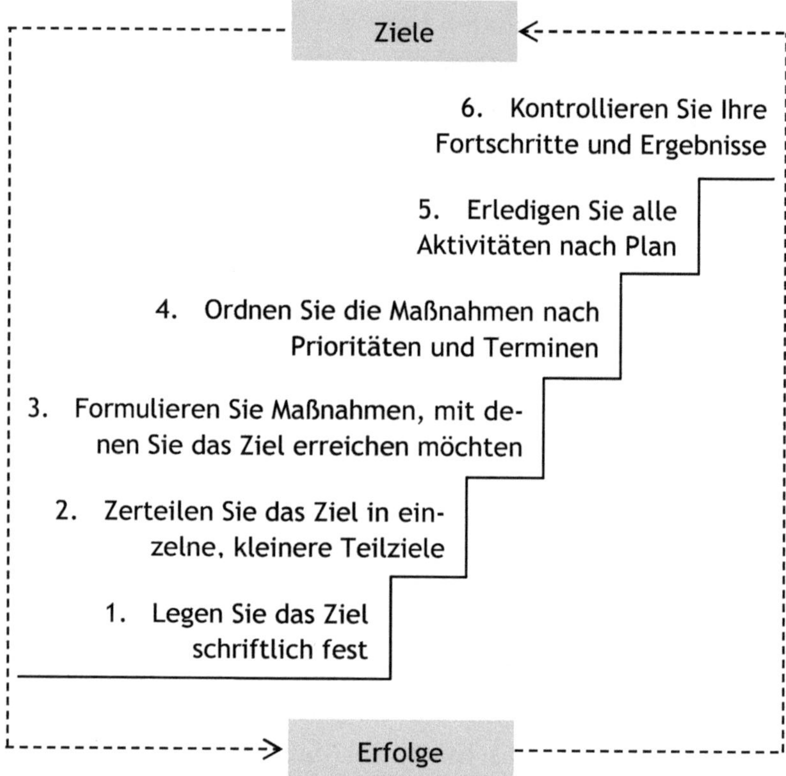

Beim Festlegen von Zielen sind vor allem drei Aspekte besonders zu beachten. Zum einen müssen Ihre Ziele konkret, also messbar sein. Lassen Sie uns zum Beispiel das Ziel Gewichtabnahme betrachten. Eine gute, konkrete

Formulierung dieses Zieles ist, dass Sie drei Kilogramm abnehmen wollen. Eine schlechte Formulierung ist, dass Sie ein paar Kilogramm abnehmen wollen. Ohne konkrete Formulierung wissen Sie nicht, was genau Ihr Ziel ist. Das wird Sie letztlich nur demotivieren, was völlig unnötig ist. Werden Sie also konkret beim Formulieren von Zielen. Zum anderen müssen Sie immer auch einen Zeitrahmen für Ihre Ziele festlegen. Sie müssen Ihre Ziele an ein festes Enddatum binden. Nur so können Sie zielgerichtet loslegen. Sie sollten Ihre Ziele ruhig in langfristige (mehr als fünf Jahre), mittelfristige (ein bis fünf Jahre) und kurzfristige Ziele (weniger als ein Jahr) unterteilen. Das unterstützt Sie fokussiert zu bleiben und motiviert Sie zusätzlich, wenn Sie kurzfristige Ziele erreicht haben. Der dritte Aspekt bezieht sich auf die „Größe" Ihrer Ziele. Wagen Sie durchaus, große Ziele vor Augen zu haben. Nur so werden Sie wirklich am Ball bleiben und werden, selbst wenn Sie das große Ziel nicht erreichen konnten, dennoch eine ganze Menge geschafft haben. Andererseits sollten nicht alle hochgesteckten Ziele unerreichbar für Sie sein, denn das würde Sie nur demotivieren. Sind Ihre Ziele jetzt schon für Sie ohne größere Anstrengung erreichbar, dann bringt Sie die Erreichung dieser Ziele nicht wirklich voran. Auch das würde Sie demotivieren. Stapeln Sie also nicht zu niedrig. Im Zweifel wollen Sie lieber mehr als weniger.

Lassen Sie uns nun auf das Thema Priorisieren zurückkommen. Das Setzen von Prioritäten ist einfacher als Sie denken. Viele Menschen haben Schwierigkeiten mit dem Priorisieren von Aufgaben, weil Sie denken, dass alle Aufgaben wichtig sind. Dass dem nicht so ist, hat Ende des 19. Jahrhunderts der italienische Ökonom Vilfredo Pareto gezeigt, als er sich mit den Besitzverhältnissen in Italien beschäftigte. Er hat ein einfaches Prinzip abgeleitet, dass auf viele Bereiche unseres Lebens anwendbar ist: das Pareto-Prinzip.

Das Pareto-Prinzip

Was genau ist das Pareto-Prinzip? Vilfredo Pareto hatte herausgefunden, dass 20% der Menschen 80% des Besitzes hatten. Dieses Prinzip kann auf viele Bereiche unseres Lebens übertragen werden (und es ist dabei erstaunlich genau). So sind 20% der Kunden eines Unternehmens für

80% des Umsatzes verantwortlich; oder tragen 20% der Produkte eines Unternehmens zu 80% des Gewinnes bei. Übertragen auf das Thema Zeitmanagement bedeutet es, dass 80% der Ergebnisse in 20% der Zeit erzielt werden.

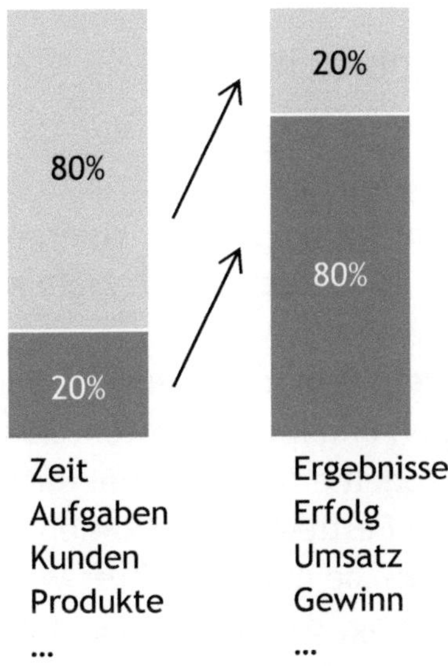

Was für eine Bestätigung für das Thema Zeitmanagement! Das Pareto-Prinzip macht auch deutlich, dass nicht alle Aufgaben, die Sie zu erledigen haben, gleich wichtig sind. Es gibt wichtige Aufgaben – keine Frage. Aber der Großteil der zu erledigenden Aufgaben ist nicht so wichtig. Schauen Sie sich Ihre Aufgaben genau an. Überlegen Sie, welche einen großen Einfluss auf das Endergebnis haben. Das sind die Aufgaben mit hoher Priorität; Aufgaben, die Sie zuerst erledigen. Lassen Sie uns den Bereich Priorisierung mit einem Zitat von Zig Ziglar abschließen, dass die Wichtigkeit noch einmal verdeutlicht: „Die Hauptsache ist, die Hauptsache immer die Hauptsache bleiben zu lassen."

Auf den Punkt gebracht

- Zeitmanagement kann nur funktionieren, wenn Sie sich Ziele setzen: Ohne Ziele kein Zeitmanagement!
- Ihr Lebenskonzept ergibt sich aus der Summe Ihrer beruflichen und Ihrer privaten Ziele.
- Das 6-Stufen-Modell erlaubt eine einfache und nachhaltige Festlegung von Zielen. Ihre Ziele formulieren Sie auf Basis Ihrer Werte. Dabei ist es wichtig, dass Ihre Ziele stets konkret und in einem zeitlichen Rahmen festgelegt sind.
- Prioritäten setzen ist das A und O von Zeitmanagement. Das Pareto-Prinzip besagt, dass 80% der Ergebnisse in 20% der Zeit erreicht werden. Konzentrieren Sie sich also auf das Wesentliche!

Übungen

49

Finden Sie Ihre Werte mit dem in diesem Kapitel beschriebenen Verfahren. Legen Sie dann auf Basis dieser Werte drei berufliche und drei private Ziele fest. Das müssen nicht durchgängig ambitionierte Ziele sein. Zerlegen Sie diese Ziele dann in kleine Zwischenziele und leiten Sie einen Maßnahmenplan ab, mit dem Sie diese Ziele erreichen werden.

Wichtig: Vergessen Sie nicht, Ihre Ziele konkret zu formulieren und Sie in einen zeitlichen Rahmen zu packen. Das Festlegen eines Ziels auf einen fixen Endtermin kann wahre Wunder wirken.

Kapitel 3:
Wie Sie Ihre Ziele erreichen

Konsequente Planung ist der Schlüssel zu effizientem Zeitmanagement. Das mag zunächst widersprüchlich erscheinen. Tatsächlich zeigen Untersuchungen, dass bereits acht Minuten Planung am Tag zu einem Zeitgewinn von einer Stunde führen.

Zur Durchführung der Planung ist das schriftliche Fixieren von Aufgaben sehr wichtig. Das schafft Verbindlichkeit und vermeidet ein „Aus-den-Augen-aus-dem-Sinn". Die ALPEN-Methode bietet Hilfestellung im effizienten Planen. Dabei unterstützt das Eieruhr-Prinzip, das Erledigen von Aufgaben noch effizienter zu gestalten.

Es klingelt an der Tür. Das muss der Postbote mit dem Buch sein. Sebastian wartet schon ganz gespannt darauf. So hat er sich schon lange nicht mehr auf etwas gefreut. Es ist fast schon eine kindliche Vorfreude. Schnell und ungeduldig packt Sebastian das Buch aus und schaut sich den Titel an. Ja, genau das bin ich, kommt es ihm dabei in den Sinn:

TIME FUCKED.

So kann es nicht weitergehen. Dessen ist sich Sebastian bewusst. Er muss etwas unternehmen – und zwar sofort! Mit leicht feuchten Fingern vor Aufregung schlägt er das Buch auf und beginnt zu lesen.

Konsequente Planung

Im vorherigen Kapitel haben wir uns damit beschäftigt, wie wichtig es für Zeitmanagement ist Ziele festzulegen. Wie aber können Sie sicher gehen, dass Sie Ihre Ziele erreichen? Was müssen Sie dafür tun? Genau damit beschäftigen wir uns in diesem Kapitel.

Ziele erreichen Sie durch konsequente Planung. Das mag Sie zunächst etwas irritieren. Denn wenn Sie bis jetzt kein optimales Zeitmanagement durchgeführt haben, wie soll es dann geschehen, wenn Sie jetzt zusätzliche Zeit in Planung investieren? Die Antwort ist ganz einfach: Durch konsequente Zeitplanung gewinnen Sie Zeit! Untersuchungen haben ergeben, dass schon acht Minuten, die Sie in die Planung Ihres Arbeitstages investieren, Ihnen einen Zeitgewinn von einer Stunde pro Tag bringen.

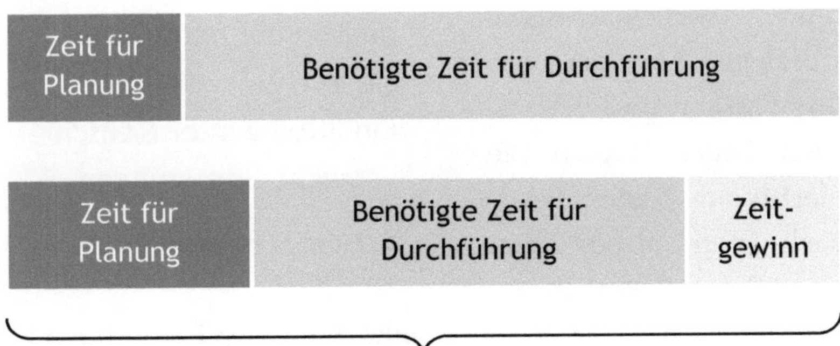

Wie bereits im vorherigen Kapitel angedeutet, ist es wichtig, dass Sie Ihre Ziele schriftlich fixieren. So schaffen Sie Verbindlichkeit und vermeiden ein „Aus-den-Augen-aus-dem-Sinn". Schriftliches Fixieren hat aber noch weitere Vorteile. Sie müssen Ihre Ziele nicht mehr ständig in Ihrem Kopf haben. Das macht den Kopf frei und hilft Ihnen, sich auf das Wesentliche zu konzentrieren. Der von Ihnen aufgestellte Plan spornt Sie an. Sie vergessen Dinge nicht mehr. Sie optimieren sich ständig. Sie kontrollieren Ihre Fortschritte selbst und gewinnen an Übersicht. Sie lernen, Pufferzeiten realistischer zu planen.

Hinweis: Wenn Sie mit dem Begriff Pufferzeiten im Moment nicht viel anfangen können, keine Sorge. Wir werden uns in Kürze eingehend damit auseinandersetzen.

Ein wichtiger Punkt für Ihre Planung ist, dass Sie die Ihnen zur Verfügung stehenden Mittel und Ressourcen berücksichtigen. Überlegen Sie dazu, wo Ihre Stärken und Schwächen liegen. Holen Sie hierfür am besten Feedback von außen ein. Zum Beispiel von Ihrem

> Gewöhnliche Menschen denken nur daran, wie sie ihre Zeit verbringen. Ein intelligenter Mensch versucht sie zu nützen.
>
> *Arthur Schopenhauer*

Vorgesetzten oder von Ihnen nahestehenden Freunden. Oft ergibt sich ein deutlicher Unterschied zwischen dem Eigen- und dem Fremdbild. Orientieren Sie sich an vergangene Erfolge und Misserfolge, um Ihre Stärken und Schwächen besser zu identifizieren.

Wann sollten Sie mit der Planung beginnen?

SOFORT!

Sie haben keine Zeit zu verlieren. Lassen Sie mich das anhand einer kurzen Geschichte erzählen. Vielleicht ist Sie Ihnen schon bekannt. Sie werden sicher den tieferen Sinn der Geschichte erkennen. Beginnen Sie also sofort mit der Planung. Sie werden erstaunt sein, wie effizient sich Planung auf Ihr Zeitmanagement auswirkt.

Vom Spaziergänger und Waldarbeiter

(frei nacherzählt)

Ein Spaziergänger trifft im Wald auf einen Waldarbeiter, der mit einer Axt auf einen Baumstamm einschlägt. Dem Spaziergänger bleibt nicht verborgen, dass die Axt des Waldarbeiters stumpf ist. Der Spaziergänger bemerkt: „Wollen Sie Ihre Axt nicht schärfen? Dann würden Sie den Baum in viel kürzerer Zeit gefällt haben." Daraufhin antwortet der Waldarbeiter: „Das geht leider nicht. Dazu habe ich im Moment keine Zeit!"

Die ALPEN-Methode

Wir haben bisher kennengelernt, dass Planung wichtig ist und dass Sie sofort damit beginnen sollten. Aber wie planen Sie jetzt?

Eine hilfreiche Methode ist die sogenannte ALPEN-Methode. Hier benötigen Sie nur wenige Minuten, um einen schriftlichen Tagesplan Ihrer Aufgaben und Aktivitäten zu erstellen. ALPEN ist ein Akronym und bedeutet:

- **Aufgaben**
- **Länge**
- **Pufferzeiten**
- **Entscheidung**
- **Nachkontrolle**

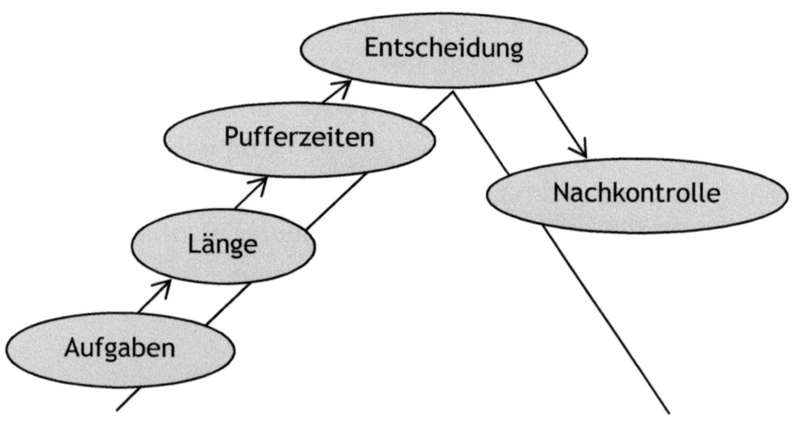

Lassen Sie uns nun am Beispiel einer Tagesplanung die ALPEN-Methode näher kennenlernen. Das **A** steht für Aufgaben, Aktivitäten und Termine des Tages aufschreiben. Das beinhaltet auch unerledigte Aufgaben vom Vortag. Schreiben Sie diese auf. Das **L** steht für Länge (Dauer) der Aufgaben schätzen. Eventuell mag es Ihnen am Anfang schwer fallen, die Dauer einer Aufgabe oder Aktivität korrekt einzuschätzen. Versuchen Sie es trotzdem. Sie werden merken, dass Sie schnell Fortschritte machen werden. Oft dauern Aufgaben so lange, wie man Zeit zur Verfügung hat. Und wenn Sie keine Dauer festlegen, dann kann das hinderlich für Sie sein. Sie benötigen dann oft zu lange für eine Aufgabe. Tappen Sie also nicht in diese Falle. Sie arbeiten konzentrierter und unterbinden Störungen konsequenter (erinnern Sie sich noch an die Zeitdiebe aus dem ersten Kapitel?), wenn Sie für die Erledigung einer Aufgabe eine Zeitdauer vorschreiben. Ich nenne das das Eieruhr-Prinzip. Stellen Sie sich einfach vor, dass Sie zu Beginn einer jeden Aufgabe eine Eieruhr stellen, die nach Ablauf der geplanten Zeit klingelt. Dadurch, dass Sie hin und wieder einen Blick auf die Eieruhr werfen, arbeiten Sie konzentrierter, um die Aufgabe in der Ihnen zur Verfügung stehenden Zeit auch bewältigen zu können. Das **P** steht für Pufferzeiten reservieren. Planen Sie nur ca. 60% der Ihnen zur Verfügung stehenden Zeit. Wenn Sie also acht Stunden am Tag arbeiten, dann planen Sie nur in etwa fünf Stunden. Denn 40% der zur Verfügung stehenden Zeit gehen meist durch unerwartete Aktivitäten (Störungen) und spontane (soziale) Tätigkeiten verloren. Das **E** steht für Entscheidungen treffen. Die Erfahrung zeigt, dass oft mehr als 60% der zur Verfügung stehenden Zeit geplant werden. Deshalb ist es immens wichtig, dass Sie sich auf das Wesentliche konzentrieren. Und zwar dadurch, dass Sie bewusst und konsequent Prioritäten setzen, Aufgaben delegieren, verschieben oder gar nicht machen. Welche Aufgaben Sie wirklich delegieren können und ob Sie Aufgaben einfach gar nicht machen sollten, werden wir in Kapitel 4 behandeln. Dort beschäftigen wir uns damit, wie Sie richtig priorisieren. Das **N** schließlich steht für Nachkontrolle und Unerledigtes übertragen. So packen Sie zu! Aufgaben werden endlich angegangen und fertiggestellt. Bevor Sie eine Aufgabe von der Liste streichen, werden Sie indirekt noch einmal darauf hingewiesen, über die Konsequenzen einer Streichung nachzudenken.

> Gäbe es nicht die letzte Minute, so würde niemals etwas fertig.
>
> *Mark Twain*

Auf den Punkt gebracht

- Ziele erreichen Sie durch konsequente Planung!
- Durch eine effektive Zeitplanung gewinnen Sie Zeit.
- Fixieren Sie Ihre Ziele schriftlich. Das schafft Verbindlichkeit und vermeidet ein „Aus-den-Augen-aus-dem-Sinn".
- Die ALPEN-Methode ist sehr hilfreich bei der Erstellung eines Tagesplanes.
- Mit Hilfe des Eieruhr-Prinzips legen Sie eine Zeitdauer für die Erledigung von Aufgaben fest. Das macht Sie effizienter.
- Verplanen Sie nur 60% der Ihnen zur Verfügung stehenden Zeit. Die restlichen 40% gehen erfahrungsgemäß durch andere Aktivitäten verloren.

Übungen

Planen Sie einen Tag anhand der ALPEN-Methode. Versuchen Sie dabei, möglichst genau die Dauer von Aktivitäten einzuschätzen und geben Sie sich ruhig für die eine oder andere Aufgabe eine feste Dauer vor, auch wenn Sie etwas unsicher sind. Nur Übung macht den Meister. Es ist wichtig, dass Sie mit der konsequenten Planung beginnen – und zwar sofort! Mit der Zeit werden Sie immer besser damit zurechtkommen und die Planung wird ein Teil Ihrer täglichen Routine.

Kapitel 4:
Wie Sie richtig priorisieren

Wenn jemand sagt, er hat keine Zeit,
heißt das nur: Es ist ihm nicht wichtig genug.

Kalenderspruch

Das Setzen von Prioritäten verhilft Sie zu einem effizienten Zeitmanagement. Das macht Sie und die Menschen in Ihrer Umgebung zufriedener.

Die ABC-Analyse unterstützt Sie dabei, Aufgaben hinsichtlich Ihrer Wichtigkeit zu kategorisieren. Das Eisenhower-Prinzip geht noch einen Schritt weiter und kategorisiert Aufgaben in Bezug auf Wichtigkeit und Dringlichkeit. So können Sie entscheiden, welche Aufgaben Sie selbst erledigen müssen, welche Sie delegieren können und welche Sie gar nicht erledigen sollten.

Wenn Sie Aufgaben delegieren, dann halten Sie die Erledigung der Aufgaben mittels einer Checkliste nach.

Sebastian sitzt in der U-Bahn und ist auf dem Weg zur Arbeit. Er denkt über das nach, was er bereits im Buch TIME FUCKED gelesen hat. Komisch, sagt er zu sich selbst, ich dachte ich hätte ein Buch über Zeitmanagement gekauft. Jetzt soll er sich mit Zielen und Werten beschäftigen. Und Planen soll er auch noch. Das alles kostet doch nur noch mehr Zeit, und die hat er doch jetzt schon nicht. Klar, beruhigte er sich, im Buch wird das alles gut und verständlich erklärt, aber so ganz überzeugt ist er noch nicht.

Trotz seiner Zweifel ist er fest entschlossen, sich weiterhin mit dem Buch zu beschäftigen und die Methoden und Hilfsmittel, die darin beschrieben werden, anzuwenden. Langsam fährt die S-Bahn in den Hauptbahnhof ein. Sebastian steigt aus und läuft die Treppe nach oben Richtung Ausgang.

Die ABC-Analyse

In Kapitel 3 haben Sie kennengelernt, wie wichtig konsequente Planung und Priorisierung für Ihr Zeitmanagement ist. Vielleicht versuchen auch Sie oft, zu viel auf einmal zu erledigen. Dann haben Sie zwar viel gearbeitet, meistens aber wenig geschafft, weil Sie vor lauter Aufgaben den Überblick und die Kontrolle verloren haben. Außerdem wirken sich zu viele Aufgaben auf einmal negativ auf Ihre Motivation aus. Ihr Frustrationslevel steigt, weil Sie die Aufgaben nicht so abarbeiten können, wie Sie sich das vorgestellt haben. Sie sind in einem Teufelskreis gefangen. Höchste Zeit, diesem zu entkommen!

Wie können Sie es also besser angehen? Verschreiben Sie sich nur einer Sache. Denken Sie auch hier wieder an das Eieruhr-Prinzip aus dem dritten Kapitel. Es sorgt dafür, dass Sie sich fokussiert einer Aufgabe widmen. So werden Sie ein echter Experte im effizienten Abarbeiten von Aufgaben. Um aber zu wissen, welche Aufgaben Sie erledigen sollten, müssen Sie die richtigen Prioritäten setzen. Aber was genau heißt Prioritäten setzen?

> **Nie stille steht die Zeit, der Augenblick entschwebt, und den du nicht benutzt, den hast du nicht gelebt.**
>
> *Friedrich Rückert*

Wenn Sie Prioritäten setzen, dann unterscheiden Sie Ihre Aufgaben in wichtig und dringlich. Sie konzentrieren sich auf eine Aufgabe und erledigen diese Aufgabe effizienter. Prioritäten setzen bedeutet auch, dass Sie manche Aufgaben delegieren oder einfach gar nicht tun. Das alles wird Ihnen das Gefühl geben, dass Sie einiges geschafft haben und Sie weiterhin motivieren, sich Ihren Aufgaben zu widmen.

Prioritäten setzen hat viele Vorteile. Termine werden eingehalten, Sie erhalten befriedigendere Arbeitsergebnisse und einen zufriedeneren Arbeitsablauf. Die Menschen um Sie herum (Familie, Freunde, Beruf) werden zufriedener mit Ihnen sein und Konflikte werden vermieden. Weiterhin vermeiden Sie unnötigen Stress und sind selbst zufriedener.

Stellt sich jedoch nach wie vor die Frage, wie Sie nun Prioritäten richtig setzen. Die ABC-Analyse kann Sie dabei unterstützen. Bei der ABC-Analyse unterteilen Sie Ihre Aufgaben in drei Kategorien, A-, B- und C-Aufgaben. Dadurch vermeiden Sie, dass Sie einerseits einen Großteil Ihrer Zeit für Kleinkram und Nebensächlichkeiten verschwenden und andererseits sehr wichtige Aufgabe vernachlässigen.

A-Aufgaben sind Aufgaben, die für Ihren Erfolg sehr wichtig sind. Deshalb führen Sie diese persönlich oder als Verantwortlicher im Team durch. A-Aufgaben können nicht delegiert werden. B-Aufgaben sind wichtige Aufgaben. Sie sind teilweise delegierbar. C-Aufgaben liefern den vergleichsweise geringsten Wert zur Erreichung Ihrer persönlichen Ziele. C-Aufgaben nehmen jedoch meist den größten Teil Ihrer Zeit in Anspruch. Sie sind Routine-Angelegenheiten wie Papierkram, Lesen, Telefonieren und andere Verwaltungsaufgaben. C-Aufgaben sind delegierbar und sollten nicht von Ihnen selbst erledigt werden.

Noch ein Schritt weiter: Das Eisenhower-Prinzip

Dwight D. Eisenhower, von 1953 bis 1961 Präsident der Vereinigten Staaten von Amerika, verwendete für sein Zeitmanagement sogar noch eine weitere Kategorie, die D-Aufgaben. Er entwickelte das nach ihm benannte Eisenhower-Prinzip, ein praktisches und einfach handhabbares Hilfsmittel, um Aufgaben zu kategorisieren und zu priorisieren. Es vereint dabei zwei wichtige Prinzipien des Zeitmanagements: Priorisieren und Delegieren. Beim Eisenhower-Prinzip werden alle anstehenden Aufgaben hinsichtlich der beiden Kriterien wichtig und dringlich kategorisiert. Diese Unterscheidung ist sehr wichtig, da nicht alle wichtigen Aufgaben automatisch auch dringlich sind. Dringliche Aufgaben müssen sofort erledigt werden und dulden keinen weiteren Aufschub. Durch die Unterscheidung in wichtig und dringlich ergeben sich vier Kategorien: A-, B-, C- und D-Aufgaben.

A-Aufgaben sind sowohl wichtig als auch dringlich und müssen sofort von Ihnen erledigt werden (zum Beispiel ein Notfall beim Kunden, Abgabetermine, Streit mit dem Partner). B-Aufgaben sind wichtig, aber nicht dringlich. Diese sollten Sie terminieren, um den Überblick zu behalten. Dazu zählen zum Beispiel unentbehrliche Weiterbildungen. C-Aufgaben sind dringlich, aber nicht wichtig. Diese können und sollten Sie nach Möglichkeit delegieren (zum Beispiel die Anfertigung eines Statusberichtes, Vorträge, kulturelle Veranstaltungen). D-Aufgaben sind weder wichtig noch dringlich (zum Beispiel Gefälligkeiten, überbordender Small Talk). Schmeißen Sie diese einfach weg und beweisen Sie Mut zur Lücke!

<table>
<tr><td rowspan="2">Wichtigkeit</td><td>hoch</td><td>B-Aufgaben
Terminieren!</td><td>A-Aufgaben
Sofort erledigen!</td></tr>
<tr><td>niedrig</td><td>D-Aufgaben
Wegschmeißen!</td><td>C-Aufgaben
Delegieren!</td></tr>
<tr><td></td><td></td><td>niedrig</td><td>hoch</td></tr>
<tr><td></td><td></td><td colspan="2">Dringlichkeit</td></tr>
</table>

Lassen Sie uns noch einmal auf das Thema Delegieren zurückkommen. Welche Argumente sprechen eigentlich für das Delegieren von Aufgaben? Es entlastet Sie und Sie haben mehr Zeit für wichtige Aufgaben zur Verfügung. Sie nutzen die Kenntnisse bzw. Erfahrungen Ihrer Mitarbeiter, was sich schließlich positiv auf die Motivation Ihrer Mitarbeiter auswirkt.

Sie überlassen Ihnen Verantwortung und trauen Ihnen etwas zu. Deshalb werden Ihre Mitarbeiter zufriedener sein, denn sie erhalten eine Chance, sich positiv zu entwickeln. Wenn Sie Aufgaben delegieren, dann halten Sie mittels Checkliste nach, ob die Aufgaben auch wirklich erledigt werden – denn Sie sind nach wie vor verantwortlich dafür! Diese Checkliste kann auch Ihre eigenen Aufgaben beinhalten, so sparen Sie schon wieder etwas Zeit. Wie Sie Ihre Checkliste aufbauen, bleibt Ihnen überlassen. Tun Sie es so, wie Sie am besten damit zurechtkommen. Folgende Fragen können dabei helfen: Welche Priorität hat die Aufgabe? Was genau ist die Aufgabe? Wer führt die Aufgabe durch? Wann beginnt die Bearbeitung der Aufgabe? Wann soll die Aufgabe erledigt sein? Was ist der aktuelle Stand der Bearbeitung?

Richtiges Nachhalten bei delegierten Aufgaben

Prio-rität	Aufgabe	Wer	Be-ginn	En-de	Status
B	Abstim-mung in-tern	Hr. Wolf	10.4.	12.4.	erledigt
A	Erstellung Angebot	Fr. Müller	12.4.	19.4.	in Bearbei-tung
C	Anferti-gung Sta-tusbericht	Fr. Klug	13.4.	17.4.	in Bearbei-tung
C	Verschicken Statusbe-richt	Fr. Klug	17.4.	19.4.	offen
…	…	…	…	…	…

Auf den Punkt gebracht

- Prioritäten setzen ist wichtig für ein effizientes Zeitmanagement.
- Die ABC-Analyse unterteilt Aufgaben in drei Kategorien: A-, B- und C-Aufgaben. A-Aufgaben sind sehr wichtig und sollten von Ihnen erledigt werden. B-Aufgaben sind wichtig, können aber teilweise delegiert werden. C-Aufgaben sind delegierbar und sollten nicht von Ihnen erledigt werden.
- Das Eisenhower-Prinzip kategorisiert Aufgaben nach den Kriterien wichtig und dringlich. Zusätzlich zu A-, B- und C-Aufgaben gibt es deshalb eine weitere Kategorie, D-Aufgaben. D-Aufgaben sind weder wichtig noch dringlich und sollten in den Papierkorb wandern. Zeigen Sie hier Mut zur Lücke!
- Führen Sie eine Checkliste, um die Erledigung delegierter Aufgaben nachhalten zu können.

Übungen

Nehmen Sie sich die ABC-Analyse vor und kategorisieren Sie Ihre Aufgaben in A-, B- und C-Aufgaben. Bearbeiten Sie Ihre Aufgaben dann entsprechend Ihrer Kategorisierung. Vergessen Sie nicht: Planen Sie jeden Tag aufs Neue. Der scheinbare Mehraufwand für die Planung wird sich schon bald positiv auszahlen.

Für ganz Mutige: Gehen Sie einen Schritt weiter und wenden Sie das Eisenhower-Prinzip anstatt der ABC-Analyse an.

Kapitel 5:
Wie Sie sich richtig organisieren

Die Zeit verlängert sich für alle,
die sie zu nutzen verstehen.

Leonardo da Vinci

Effizientes Zeitmanagement funktioniert nur, wenn Sie Ihren Tagesrhythmus kennen. Denn dann wissen Sie genau, wann Sie am produktivsten arbeiten können. Organisieren Sie also Ihren Tag durch das Reservieren sogenannter Qualitätsstunden. So sorgen Sie dafür, dass Sie diese produktive Zeit auch wirklich nutzen können. Perfektionieren Sie Ihre Organisation durch die Bauklotz-Methode – eine einfache, aber effektive Art, die richtige Priorisierung von Aufgaben in Ihre Planung zu integrieren.

Benedikt sieht gut und erholt aus, als er aus seinem Sportwagen aussteigt. Wie immer, denkt Sebastian. Beide freuen sich, dass es mit dem Abendessen geklappt hat. Sebastian liebt italienisches Essen und ist gerne auf Benedikts Vorschlag eingegangen.

Während des Essens erzählt Sebastian, was er bereits über Zeitmanagement gelernt hat. Benedikt kann das Strahlen in Sebastians Augen sehen. Er ist sehr zufrieden mit den Fortschritten seines alten Schulfreundes. Zwar fehlt noch das ein oder andere Detail, um wirklich produktiver und effizienter zu werden, aber der Anfang ist gemacht.

Nach dem Gespräch mit Benedikt ist Sebastian noch entschlossener, sich weiterhin mit den Inhalten des Buches auseinanderzusetzen und sie in die Tat umzusetzen. Zufrieden winkt er Benedikt nach, als dieser mit seinem Sportwagen in die dunkle Nacht eintaucht.

Von Leistungskurve, Störkurve und Qualitäts-
stunden

Das vierte Kapitel handelte davon, wie Sie richtig priorisieren. In diesem Kapitel liegt das Hauptaugenmerk darauf, wie Sie sich richtig organisieren. Hier geht es also nicht um Maßnahmenpläne und Checklisten, sondern um die richtige Einteilung Ihres Tages, damit Sie möglichst effizient arbeiten können.

Kennen Sie Ihren Tagesrhythmus? Wenn nicht, dann lernen Sie ihn kennen! Sind Sie ein Morgenmuffel? Oder ein Frühaufsteher? Sicher sehen Sie sofort ein, dass die richtige Organisation Ihres Tagesrhythmus einen großen Einfluss auf Ihre Leistungsfähigkeit hat. Sind Sie zum Beispiel ein Morgenmuffel, dann wird es wenig Sinn haben, dass Sie Termine auf 7 Uhr 30 am Morgen legen. Selbst

> Der Mensch besitzt nichts Edleres und Kostbareres als die Zeit.
>
> *Ludwig van Beethoven*

wenn Sie körperlich anwesend sind, so ist Ihre Konzentrationsfähigkeit doch mit hoher Wahrscheinlichkeit erheblich eingeschränkt. Sie sind zu dieser Uhrzeit einfach noch nicht auf Touren gekommen.

Lernen Sie Ihren Tagesrhythmus kennen, indem Sie ein paar Wochen ein Zeitprotokoll führen. Notieren Sie genau von wann bis wann Sie was tun. Stellen Sie dann die Zeit gegenüber, die Sie ursprünglich für Ihre Aufgaben geplant hatten. Notieren Sie auch wie Sie sich gefühlt haben. Waren Sie fit oder eher schlapp? Hat die Erledigung der Aufgabe deshalb länger als erwartet gedauert, weil Sie sie direkt nach dem Mittagessen ausgeführt haben? Nach ein paar Wochen (3-5 sollten genügen) können Sie dann aus Ihrem Tagesrhythmus Ihre persönliche Leistungskurve ableiten. Diese könnte zum Beispiel so aussehen:

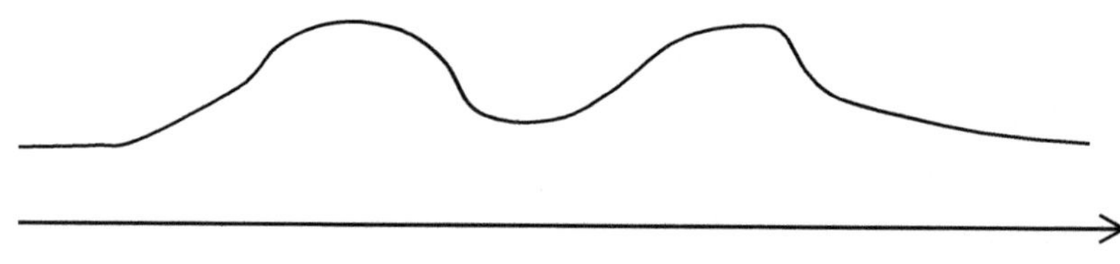

Jetzt können Sie Ihre persönliche Leistungskurve bei Ihrer Planung berücksichtigen und gezielt diejenige Tageszeit, in der Sie in Höchstform sind, für die sehr wichtigen Aufgaben reservieren. Wenn es Ihnen möglich ist, dann versuchen Sie auch die Leistungskurven Ihrer Kollegen oder Ihres Vorgesetzten zu berücksichtigen. Oft erhält man wertvolle Informationen darüber aus direkten Gesprächen. Können diese Informationen zusätzlich positiv genutzt werden? Durchaus. Zum Beispiel könnten Sie dann einen wichtigen Arbeitstermin mit Ihrem Kollegen vereinbaren, wenn Sie beide in Höchstform sind.

Jetzt könnten Sie den Einwand bringen, dass Sie nicht völlig alleine über Ihre Tagesplanung bestimmen können. Das ist richtig. Wichtig ist aber, wie Sie damit umgehen. Ihre Leistungskurve wird also durch eine Störkurve überlagert. Die Störkurve wird durch Ereignisse bestimmt, die Sie nicht direkt beeinflussen können. Das kann zum Beispiel ein Meeting sein, zu dem Sie eingeladen werden. Oder ein Kollege, der Sie zu einem Kaffeeklatsch während der Arbeitszeit abholt. Ist das Meeting ein regelmäßiges Meeting? Kommt der Kollege immer zur gleichen Zeit? Können Sie daraus ein Muster ableiten? Überlagern Sie dieses Muster Ihrer Leistungskurve. Sie erhalten dann eine Grafik, die in etwa so aussieht:

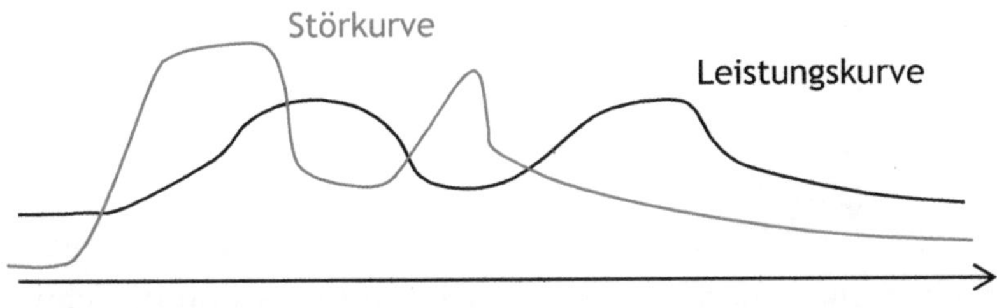

Jetzt sind Sie schon ein großes Stück weiter gekommen. Sie können nun Qualitätsstunden einführen. Qualitätsstunden entstehen dann, wenn Ihre Leistungskurve höher verläuft als die Störkurve. In den Qualitätsstunden sind Sie besonders leistungsfähig. Deshalb versuchen Sie, diese Zeiträume für sich zu reservieren, um konzentriert an den wichtigen Aufgaben arbeiten zu können.

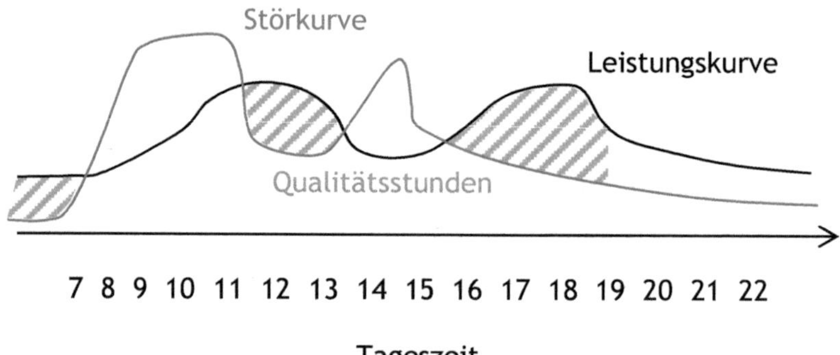

Der frühe Vogel: Bei den Qualitätsstunden sind vor allem jene am frühen Morgen interessant. Seien Sie ehrlich zu sich selbst. Wie oft haben Sie sich für den späteren Abend etwas vorgenommen, was Sie dann nicht in die Tat umgesetzt haben? Es ist auch naheliegend, dass dies des öfteren nicht funktioniert. Immerhin steckt Ihnen schon der ganze Tag in den Gliedern und Sie sehnen sich nach dem wohlverdienten Feierabend. Da wird es natürlich sehr schwierig, sich noch einmal zu motivieren. Nicht selten finden Sie sich dann auf dem Sofa wieder und schauen fern oder surfen noch im Internet. Natürlich tun Sie das länger als Sie eigentlich wollten, mit der Folge, dass Sie am nächsten Morgen schlecht aus den Federn kommen. Der Morgen ist damit auch schon vorbei und kann nicht mehr sinnvoll genutzt werden. Kehren Sie also die Herangehensweise um. Nutzen Sie den Morgen anstelle des Abends. Stehen Sie beispielsweise jeden Morgen eine Stunde früher als üblich auf und nutzen Sie diese. Sie können den Sport machen, der abends oft nicht mehr gelingen will. Oder sich einem Buch widmen, dass Sie schon immer einmal lesen wollten. Nutzen Sie die Stunde für berufliche Weiterbildung oder pauken Sie Vokabeln, wenn Sie eine Fremdsprache erlernen wollen. Wenn dann Ihr üblicher Tagesablauf beginnt, dann haben Sie schon eine Stunde in sich investiert. Die kann Ihnen keiner mehr nehmen. Außerdem werden Sie motivierter in den Tag starten, da Sie ja schon etwas geleistet haben, was Ihnen am Herzen liegt. Viele erfolgreiche Menschen nutzen die frühen Morgenstunden und lassen sie nicht ungenutzt verstreichen. Probieren Sie es aus. Sie werden sehen, es wirkt wahre Wunder. Nicht umsonst heißt es: Der frühe Vogel fängt den Wurm.

Der Sägeblatt-Effekt

Warum ist das Reservieren von Qualitätsstunden so wichtig? Die Antwort ist ganz einfach: weil Qualitätsstunden den Sägeblatt-Effekt abschwächen. Werden Sie einen Moment von Ihrer Aufgabe abgelenkt, so benötigen Sie eine gewisse Anlauf- oder Einarbeitungszeit, um wieder konzentriert an der gleichen Stelle wie vor der Störung weiterarbeiten zu können. Diese Unterbrechungen mögen Ihnen meist als sehr gering und nicht der Rede wert erscheinen. Das mag für einzelne Unterbrechungen durchaus richtig sein. Aber diese kleinen Unterbrechungen summieren sich und machen Sie deutlich ineffizienter. Dadurch werden Sie unzufriedener mit Ihrer Leistung und Ihre Motivation sinkt.

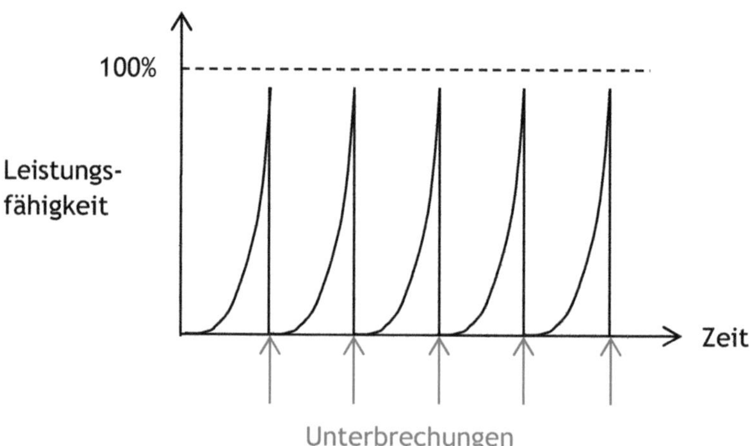

Ihre Qualitätsstunden sind wichtig, denn Sie sind die Basis Ihres Erfolges. Also verteidigen Sie sie. Tragen Sie in Ihrem Kalender feste Termine mit sich selbst ein, um zu verhindern, dass durch einen anderen Termin eine Qualitätsstunde belegt wird. Nehmen Sie keine Termine an, die in Ihre Qualitätsstunden fallen. Schlagen Sie hingegen einen Alternativtermin vor, sofern das möglich ist. (Bedenken Sie immer, dass es auch dringliche Aufgaben gibt, die keinen Aufschub erlauben.) Die ersten drei Wochen sind dabei entscheidend. Wenn Sie es in den ersten drei Wochen schaffen, Ihre Qualitätsstunden zu verteidigen, dann werden Ihre Kollegen und Ihr Vorgesetzter sich daran gewöhnt haben und gut damit klar kommen. Auch ein offenes Gespräch kann hier wesentlich zum Erfolg beitragen.

Verteidigen Sie Ihre Qualitätsstunden aber auch gegen sich selbst. Ignorieren Sie in dieser Zeit Ihre Email-Inbox und erledigen Sie nur A- und B-Aufgaben. Schlagen Sie nicht „kurz mal etwas nach" und verzichten Sie darauf, „mal eben etwas zu texten" oder „im Internet zu suchen". Tun Sie dies konsequent außerhalb Ihrer Qualitätsstunden.

Genauso wichtig wie Qualitätsstunden für sich zu reservieren ist es Pausen einzulegen. Medizinische Untersuchungen haben ergeben, dass die Leistungsfähigkeit dann dauerhaft hoch gehalten werden kann, wenn nach einer Stunde Arbeit eine Pause von maximal zehn Minuten eingelegt wird. Nicht länger, denn nach diesen zehn Minuten sinkt der Erholungseffekt wieder ab. Planen Sie also regelmäßige, aber kurze Pausen ein. Bewegen Sie sich in Ihren Pausen und sorgen Sie für ausreichend Sauerstoffzufuhr.

Die Bauklotz-Methode

Bis hierhin haben Sie kennengelernt, wie wichtig es ist, Ihre Leistungskurve und Störkurve zu kennen und daraus Qualitätsstunden für sich abzuleiten. In diesen Qualitätsstunden beschäftigen Sie sich dann ausschließlich mit A- und B-Aufgaben (siehe Kapitel 4). Was aber tun Sie, wenn Sie zum Beispiel mehrere A-Aufgaben zu erledigen haben? Welche erledigen Sie dann zuerst? Die Antwort liefert die Bauklotz-Methode.

Stellen Sie sich einfach vor, dass alle Aufgaben durch unterschiedlich große und farbige Bauklötze dargestellt werden. Die Größe eines Bauklotzes gibt die Zeitdauer an, die Sie für die Erledigung der Aufgabe benötigen. Die Farbe spiegelt die Priorität wieder. Zum Beispiel könnten Sie A-Aufgaben durch große schwarze Bauklötze darstellen, B-Aufgaben durch mittelgroße dunkelgraue Bauklötze und C-Aufgaben durch kleine hellgraue Bauklötze.

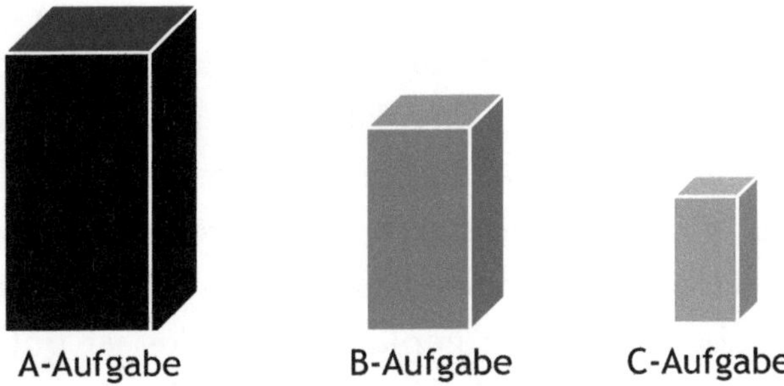

Nun ordnen Sie diese Bauklötze so in Ihrem Plan an, dass Sie einerseits genügend Zeit haben, die Aufgaben zu erledigen, und andererseits Ihre Leistungskurve berücksichtigen. Achtung, beachten Sie die Größe der Bauklötze (also die Dauer, die Sie für die Erledigung einer Aufgabe benötigen). Es kann durchaus passieren, dass Ihr Tag fast voll ist und ein schwarzer Bauklotz (also eine sehr wichtige A-Aufgabe) keinen Platz mehr findet. Dann haben Sie nicht gut geplant. Versuchen Sie es für den nächsten Tag besser zu machen. Denken Sie daran, A-Aufgaben sind nicht nur wichtig, sondern auch dringlich!

> Die Zeit ist unendlich lang und ein jeder Tag ein Gefäß, in das sich sehr viel eingießen läßt.
>
> *Johann Wolfgang von Goethe*

Ein Wort in eigener Sache: In der Literatur findet man oft ein verwandtes Prinzip, das Kiesel-Prinzip. Es besagt, kurz gefasst, dass Sie sich zuerst mit wichtigen Aufgaben beschäftigen sollen. Als Bild wird dabei ein Krug verwendet, den Sie zuerst mit Wasser füllen. Dann kippen Sie Sand und eine gehörige Portion Kieselsteine hinzu. Der Krug ist nun bereits recht voll. Haben Sie jetzt noch eine wichtige Aufgabe zu erledigen, die durch einen großen Kieselstein dargestellt wird, dann findet dieser keinen Platz mehr im Krug. Sie haben nicht gut geplant. Das alles ist gut und richtig, aber leider nur die halbe Wahrheit. Das Kieselprinzip berücksichtigt nicht, dass Sie gegebenenfalls bereits Termine in Ihrem Kalender haben, die Sie nicht beeinflussen können. Auch berücksichtigt es nicht die Dauer, die Sie für die Erledigung der Aufgabe benötigen. Die Herausforderungen, die dadurch auf Sie zukommen könnten, löst die Bauklotz-Methode. Es kann durchaus sinnvoll sein, zuerst eine weniger wichtige Aufgabe zu erledigen, und für den Moment die wichtige Aufgabe etwas zu schieben (wenn sie nicht akut, also sehr dringlich ist). Nehmen wir an, Sie haben um 10 Uhr ein Meeting, das Sie nicht verschieben können. Jetzt ist es 9 Uhr 30. Noch 30 Minuten Zeit, etwas zu schaffen. Dauert die wichtige Aufgabe eine Stunde, die etwas weniger wichtige jedoch nur 30 Minuten, so könnten Sie die weniger wichtige in diesem Fall vorziehen. Das würde auch dafür sorgen, dass Sie sich ohne Unterbrechung der wichtigen Aufgabe nach dem Meeting widmen können.

Auf den Punkt gebracht

- Lernen Sie Ihren Tagesrhythmus kennen. Leiten Sie daraus Ihre Leistungskurve ab. Überlagern Sie Ihrer Leistungskurve die Störkurve, um Qualitätsstunden bestimmen zu können.
- Qualitätsstunden sind sehr wichtig – verteidigen Sie sie. In Qualitätsstunden beschäftigen Sie sich ausschließlich mit A- und B-Aufgaben.
- Der Sägeblatt-Effekt beschreibt den Sachverhalt, dass Ihre Leistungsfähigkeit bereits durch kleine Störungen stark beeinträchtigt wird, weil Sie Zeit benötigen, um wieder konzentriert an der gleichen Stelle wie vor der Störung weiterarbeiten zu können.
- Pausen sind sehr wichtig. Als Faustregel gilt: Planen Sie pro Stunde Arbeit eine Pause von maximal zehn Minuten ein.
- Die Bauklotz-Methode hilft Ihnen, Ihre Planung zu optimieren. Aufgaben werden dabei als unterschiedlich große und farbige Bauklötze betrachtet.

Übungen

Führen Sie 3-5 Wochen lang ein Zeitprotokoll, um Ihren Tagesrhythmus kennenzulernen. Leiten Sie daraus Ihre Leistungskurve ab. Versuchen Sie, Ihre Störkurve zu ermitteln und überlagern Sie diese Ihrer Leistungskurve. So können Sie Qualitätsstunden bestimmen. Qualitätsstunden sind Bereiche, in denen die Leistungskurve höher verläuft als die Störkurve. Nehmen Sie sich in diesen Qualitätsstunden nur A- und B-Aufgaben vor. Verteidigen Sie Ihre Qualitätsstunden, indem Sie sie als Termine mit sich selbst in Ihren Kalender eintragen. Nutzen Sie zur Planung – nicht nur, aber auch Ihrer Qualitätsstunden – die Bauklotz-Methode.

Kapitel 6:
Ein paar Tipps für die Praxis

Verschwendete Zeit ist Dasein.
Gebrauchte Zeit ist Leben.

Edward Young

Zeitmanagement lebt von der praktischen Anwendung. Nur wenn Sie die Tools in der Praxis anwenden, können Sie ein effizientes Zeitmanagement erreichen.

Neben den in vorherigen Kapiteln kennengelernten Methoden, gibt es eine Vielzahl kleiner Hilfsmittel, die Ihren beruflichen und privaten Alltag erleichtern. Diese reichen vom richtigen Umgang mit Emails, Kalender und Vorlagen über Not-to-do-Listen bis hin zur Organisation effizienter Besprechungen.

Etwas verhalten sind die Reaktionen im Kollegenkreis schon, als Sebastian die eine oder andere Neuerung einführt. Fast schon exotisch finden sie es, als er anfängt von Qualitätsstunden zu sprechen und Termine mit sich selbst vereinbart.

Nach einiger Zeit aber sind Sebastians Erfolge klar erkennbar. Beruflich läuft es gut. Er hat mehr Verantwortung übertragen bekommen durch ein neues Projekt. Schon des öfteren wurde er auf dem Gang angesprochen, woher er all diese Neuerungen hat. Zufrieden mit seinem Erfolg weist Sebastian dann gerne auf das Buch TIME FUCKED hin. Er würde das ab jetzt gewiss nicht mehr sein.

In Kapitel 5 haben Sie kennengelernt, wie Sie Ihren Tagesablauf richtig organisieren können. Das vorliegende Kapitel gibt Ihnen noch ein paar praktische Tipps mit auf den Weg – so werden Sie ein echter Spezialist zum Thema Zeitmanagement.

Emails

Emails, das leidige Thema. Man bekommt zu viele davon und weiß gar nicht, wie man diese Ganze Flut an Informationen ab- bzw. verarbeiten soll. Und immer wenn Sie sich gerade in eine Aufgabe stürzen wollen, bekommen Sie eine neue Email und Ihre Arbeit ist unterbrochen. Dass Sie so nicht fertig werden mit Ihren Aufgaben, scheint völlig klar und naheliegend zu sein. Das muss aber nicht sein. Durch ein paar einfache Tricks bekommen Sie Ihre Emails in den Griff und erledigen nebenher noch einen ganzen Schwung an anderen Aufgaben.

Ein erster und wesentlicher Schritt ist das Ausschalten automatischer Benachrichtigungen bei einkommenden Emails. Sorgen Sie dafür, dass kein Briefkasten-Symbol mehr auf Ihrem Bildschirm auftaucht, wenn Sie eine Email bekommen. Es versteht sich von selbst, dass auch kein Ping oder ein ähnliches akustisches Signal ertönen soll. Damit sorgen Sie schon einmal dafür, dass Sie nicht ständig in

Ihrer Arbeit unterbrochen werden. Nehmen Sie sich stattdessen drei oder vier feste Zeiträume über den Tag verteilt vor, in denen Sie Ihre Emails lesen und bearbeiten.

Fassen Sie jede Email nur einmal an. Das wird am Anfang vielleicht ungewohnt für Sie sein und Ihnen bei der einen oder anderen Email etwas Unbehagen bescheren. Aber Sie werden sich daran gewöhnen und merken, dass Sie dadurch viel produktiver werden. Wenn Sie eine Email anschauen, dann entscheiden Sie sofort, was Sie mit der Email machen werden.

Sie haben fünf Möglichkeiten:

- Verwerfen Sie die Email, weil Sie unwichtig ist.
- Bearbeiten bzw. beantworten Sie die Email sofort, da Sie wichtig und dringlich ist.
- Legen Sie die Email ab, weil sie wichtige Informationen (zum Beispiel Dokumente) enthält.
- Delegieren Sie die mit der Email verbundene Aufgabe, d.h. leiten Sie die Email an die entsprechende Person weiter mit der Bitte um Bearbeitung.
- Machen Sie aus der Email eine Aufgabe und legen Sie einen Zeitpunkt fest, bis wann die Aufgabe erledigt sein soll. Das hilft Ihnen, wichtige Aufgaben nicht aus den Augen zu verlieren und ist eine große Stütze für Ihre Tages- und Wochenplanung.

Wenn Sie Outlook verwenden, dann können Sie Emails ganz einfach in Aufgaben umwandeln:

Klicken Sie mit der rechten Maustaste auf die Email und halten Sie die rechte Maustaste gedrückt. Ziehen Sie jetzt die Email auf die Schaltfläche „Aufgaben" bzw. „Kalender" (links unten). Lassen Sie die rechte Maustaste los und wählen Sie die gewünschte Aktion (zum Beispiel "Hierher verschieben als Aufgabe mit Anlage").

Definieren Sie klare Regeln für eingehende Emails. Bekommen Sie auch viele Newsletter? Dann definieren Sie doch eine Regel, die alle eingehenden Newsletter direkt in einen entsprechenden Ordner verschiebt. So lenken Sie diese Emails nicht von Ihrem täglichen Geschäft ab und Sie können, wann immer Sie die Zeit finden, darauf zurückgreifen und die Newsletter nach Lust und Laune lesen. In Outlook erstellen Sie eine automatische Vorsortierung Ihrer eingehenden Emails so:

Klicken Sie mit der rechten Maustaste auf die Email, für die eine Regel erstellt werden soll. Im Kontextmenü wählen Sie nun „Regeln" / „Regel erstellen". Es öffnet sich ein Dialogfenster, in dem Sie die Einstellungen wie gewünscht vornehmen können. Mit „OK" wird die Regel übernommen.

Ein letzter Tipp zum Thema Emails: Führen Sie in Ihrem Unternehmen / Ihrer Abteilung gewisse Regeln für die Verwendung der Betreffzeile von Emails ein. Das hilft Ihnen einen noch schnelleren Überblick zu bekommen. Dabei haben sich vor allem zwei Regeln als überaus hilfreich erwiesen. Erstens, die Betreffzeile gibt immer eine kurze Zusammenfassung der Email wieder. Kurz und prägnant soll sie aussagen, worum es in der folgenden Email geht. Zweitens, der Anfang der Betreffzeile gibt die Intention an, die hinter der Email steckt. Das kann zum Beispiel eine reine Informationsemail sein. Dann beginnen Sie die Betreffzeile mit „INFO: …". Es kann aber auch eine klare Aufforderung um Bearbeitung des Inhaltes sein. Dann beginnen Sie die entsprechende Betreffzeile mit „TO DO: …". Das mag am Anfang eine gewisse Umstellung sein und Sie benötigen etwas Zeit, um sich daran zu gewöhnen. Sie werden aber sehen, das wirkt Wunder.

Kalender

Nutzen Sie einen Kalender für Ihre Wochenplanung, in den Sie sowohl Ihre beruflichen wie auch Ihre privaten Termine eintragen. Das hilft Ihnen über die Woche verteilt mehr Balance zu erreichen. Außerdem vermeiden Sie dadurch, dass sich ein privater und ein beruflicher Termin überschneiden. Sicher ist es Ihnen schon einmal so gegangen, dass Sie einen privaten Termin hatten und dann genau für diesen Termin auch einen beruflichen geplant haben, weil der private Termin in diesem Moment nicht präsent war. Das steigert nur Ihre eigene Unzufriedenheit und verschlechtert Ihre privaten Beziehungen. Das muss nicht sein! Integrieren Sie private und berufliche Termine in einen Kalender. Erinnern Sie sich, erst die Kombination aus Privatem und Beruflichem ergibt Ihr Lebenskonzept!

> Ist die Zeit das Kostbarste unter allem, so ist die Zeitverschwendung die allergrößte Verschwendung.
>
> *Benjamin Franklin*

Verwenden Sie dabei unterschiedliche Farben für unterschiedliche Arten von Terminen. Das hilft Ihnen, sich schnell einen Überblick zu verschaffen und die richtige Balance zu finden. Markieren Sie zum Beispiel alle privaten Termine Grün. Bei den beruflichen können Sie ja weitere Unterscheidungen vornehmen. So können Sie alle projektbezogenen Termine Gelb einfärben. Trainings färben Sie Blau etc. In Outlook funktioniert das Festlegen von Kategorien wie folgt:

Wenn Sie einen neuen Termin festlegen oder einen bereits vorhandenen Termin öffnen, dann erscheint in der Menüleiste die Schaltfläche „Kategorisieren". Öffnen Sie diese durch einen Klick mit der linken Maustaste und weisen Sie durch einen weiteren Klick mit der linken Maustaste die entsprechende Kategorie zu.

Sie können die allgemeinen Bezeichnungen (z.B. Blaue Kategorie) ändern, indem Sie im Kontextmenü „Alle Kategorien" auswählen und dann die gewünschten Anpassungen vornehmen. Mit „OK" werden die Anpassungen übernommen.

Schneller funktioniert das Ganze durch einen Klick mit der rechten Maustaste auf den bereits vorhandenen Kalendereintrag.

Vergessen Sie nicht auch Ihre Qualitätsstunden einzutragen. In vielen Unternehmen können Mitarbeiter die Kalender anderer Mitarbeiter einsehen. Wenn Sie nicht möchten, dass Ihre Kollegen Ihre privaten Termine oder Ihre Qualitätsstunden einsehen können, so schützen Sie diese ganz einfach in Outlook:

Ihre Kollegen sehen dann nur noch, dass Sie einen Termin haben, wissen aber nicht, worum es bei diesem Termin genau geht.

Vorlagen

Perfektionismus ist ein großer Feind von effektivem Zeitmanagement. Die heutige Zeit erlaubt Ihnen nicht mehr, alle Aufgaben „perfekt" erfüllen zu können. Außerdem haben wir mit dem Pareto-Prinzip kennengelernt, dass der zusätzliche Nutzen oft in keinem vernünftigen Verhältnis zum Mehraufwand steht, wenn wir uns wieder und wieder einer Aufgabe widmen.

Hinzu kommt, dass viele Aufgaben unserer täglichen Arbeit sehr ähnlich sind. Anstatt jede Aufgabe erneut von Null an zu beginnen, lohnt es sich – im Besonderen, wenn die Aufgabe im Schreiben oder Beantworten einer Email besteht –, auf Vorlagen zurückzugreifen. Wenn Sie also in Ihren Emails ständig wiederkehrende, ähnliche Sätze oder gar ganze Abschnitte haben, dann legen Sie einen Schnellbaustein fest und fügen Sie diesen mit wenigen Handgriffen in Ihre Email ein. Das spart enorm viel Zeit!

Typische Beispiele sind Grußformeln in Emails oder Standardsätze wie: „Bei Fragen oder Anregungen stehe ich Ihnen jederzeit zur Verfügung. Gerne auch in einem persönlichen Gespräch. Sie erreichen mich unter der Telefonnummer …". Tippen Sie das nicht ständig neu, sondern greifen Sie auf einen Baustein zurück. In Outlook erstellen und verwenden Sie Bausteine so:

Expertentipp Outlook: Schnellbausteine erstellen

Markieren Sie in einer Email den Text, für den Sie gerne einen Schnellbaustein erstellen möchten. Klicken Sie nun „Einfügen" / „Schnellbausteine" / „Auswahl im Schnellbausteinkatalog speichern" und legen Sie im erscheinenden Pop-up-Fenster einen Namen für den Schnellbaustein fest. Mit „OK" wird der neue Baustein erstellt. Haben Sie einen Schnellbaustein festgelegt, so können Sie ihn über „Einfügen" / „Schnellbausteine" verwenden.

Not-to-do-Liste

Es ist nicht nur wichtig zu wissen, was man tun muss. Ebenso wichtig ist es zu wissen, was man nicht tun muss oder tun sollte. Wenn Sie sich auch schon einmal vorgenommen haben, etwas nicht zu tun, aber nach kurzer Zeit wieder in alte Muster zurückgefallen sind, dann ist es an der Zeit, eine Not-to-do-Liste zu führen. Im Gegensatz zur bekannten To-do-Liste, muss diese nicht täglich angepasst werden. Auf einer Not-to-do-Liste finden sich meist Dinge, die mehr grundsätzlichen Charakter besitzen.

Beispiele sind:

- Ständig Emails checken
- Emails mehrfach bearbeiten
- Unter der Woche fernsehen
- Morgenstunden (vor 8 Uhr) nicht sinnvoll nutzen
- Auf Frühstück / Mittagessen verzichten
- Termine für Sport einfach verstreichen lassen
- Ständig für jeden erreichbar sein
- …

Platzieren Sie Ihre Not-to-do-Liste dorthin, wo Sie sie im Blick haben. Kleben Sie sie neben Ihren Bildschirm oder an den Kühlschrank. Falten Sie eine Liste zusammen und legen Sie diese in Ihren Geldbeutel. So können Sie auch unterwegs, wenn Sie zum Beispiel in der U-Bahn oder im Bus sitzen, einen schnellen Blick darauf werfen. Das hilft Ihnen, bei der Stange zu bleiben.

Besprechungen

Viele Mitarbeiter in Unternehmen klagen über zu viele und ineffiziente Besprechungen. Oft hört man, dass man vor lauter Besprechungen gar nicht mehr zum Arbeiten kommt. Dabei ist es mit ein paar Tricks und Regeln ganz einfach, Besprechungen effizient zu gestalten.

Besprechungen-Test

Wie effizient sind Ihre Besprechungen?

☐ Ich nehme an so vielen Besprechungen teil. Manchmal handeln Sie von banalen Dingen. Da wäre eine Besprechung eigentlich nicht notwendig gewesen.

☐ An unseren Besprechungen nehmen immer ziemlich viele Leute teil. Manche davon können gar nichts zum Thema beitragen.

☐ Ich gehe oft in Besprechungen ohne genau zu wissen, was das Ziel der Besprechung ist. Von einer klar strukturierten Agenda ganz zu schweigen.

Bei uns kommen viele zu spät zu den Besprechungen.
Ich will mich da nicht immer ausnehmen. Das passiert mir schon auch das ein oder andere Mal.

Unsere Besprechungen dauern immer zu lange. Das bringt natürlich Schwierigkeiten mit sich, wenn ich einen Anschlusstermin habe.

Eigentlich haben wir genügend Zeit in den Besprechungen, kommen am Ende dann aber oft doch zu keinem befriedigenden Ergebnis.

Wir reden oft durcheinander. Dass einer die Besprechung richtig leitet, ist eher selten der Fall.

Oft halten uns Störungen von konzentrierter Arbeit ab. Meistens klingelt entweder ein Handy oder Kollegen checken während der Besprechung Emails und sind nicht bei der Sache.

Viele Besprechungen finden zu Zeiten statt, wo ich einfach nicht so fit bin. Direkt nach dem Mittagessen zum Beispiel.

Ein Protokoll gibt es entweder gar nicht oder erst ein paar Tage nach der Besprechung. Das finde ich eindeutig zu spät.

Auswertung

Für die Auswertung addieren Sie jetzt alle Kreuze. Schauen Sie nach, in welchem Bereich Sie sich befinden und was das bedeutet.

0-2 Punkte: Sie haben keine größeren Probleme mit Ihren Besprechungen. Besprechungen laufen bei Ihnen effizient ab und Sie wissen, was wichtig ist.

3-7 Punkte: Ihre Besprechungen laufen ganz in Ordnung ab. Zwar tun Sie schon einige Dinge richtig, allerdings ist noch viel Luft nach oben. Arbeiten Sie mit den nachfolgenden Tipps und verbessern Sie Ihre Besprechungs-Kultur weiter.

8-10 Punkte: Höchste Alarmstufe! Bei Ihnen laufen Besprechungen alles andere als effizient ab. Sie verschwenden viel Zeit und Ressourcen. Nehmen Sie die nachfolgenden Tipps ernst und setzen Sie diese in die Tat um. Es gibt viel zu tun – und zwar jetzt!

Wann immer es möglich ist, dann vermeiden Sie Besprechungen einfach. Nicht immer ist eine Besprechung wirklich notwendig. Oft reicht eine kurze Abstimmung völlig. Das spart viel Zeit und lässt mehr Raum für andere Tätigkeiten.

Ist eine Besprechung unbedingt notwendig, dann sorgen Sie, falls Sie es in der Hand haben, dafür, dass so wenige Teilnehmer wie möglich teilnehmen. Dadurch schaffen Sie Freiräume für diejenigen, die nicht an der Besprechung teilnehmen, und sorgen dafür, dass die Besprechung eher zu einem Ergebnis kommt.

> Zeit hätte man wohl genug, wenn man sie nur wohl anlegte.
>
> *Deutsches Sprichwort*

Wichtig: Das ist kein Freischein dafür, notwendige Personen auszuladen! Schauen Sie einfach, dass diejenigen Personen, die zur Ergebnisfindung beitragen können und notwendig sind, auch anwesend sind. Auf alle anderen können Sie getrost verzichten.

Eine klar strukturierte Agenda ist die halbe Miete einer erfolgreichen Besprechung. Bereiten Sie sich gut auf jedes Meeting vor, indem Sie die Agenda vorab an alle Teilnehmer versenden. So können die anderen Teilnehmer sich auch entsprechend auf das Thema vorbereiten und in der Besprechung kann gezielter gearbeitet werden. Aus der Agenda sollte klar hervorgehen, was das Ziel der Besprechung ist, wie die Besprechung gegliedert / aufgebaut sein wird und wer was vorbereiten sollte. Natürlich gehören auch Wann und Wo und die Dauer der Besprechung mit in die Einladung.

Es gehört zum Respekt, den man einer anderen Person entgegenbringt, dass man pünktlich zu einer Besprechung erscheint. Dennoch kommen viele Teilnehmer zu spät. Auch wenn manchmal ein driftiger Grund dafür angeführt werden kann, so ist doch oft eine ungenügende Planung die eigentliche Ursache. Fangen Sie dennoch pünktlich mit der Besprechung an. Denn sonst könnten die anderen Teilnehmer, die pünktlich waren, sich fragen, ob es sinnvoll ist, rechtzeitig zu erscheinen. Das tritt eine Lawine los. Versuchen Sie dies zu vermeiden.

Hören Sie rechtzeitig auf. Am Ende einer Besprechung sollte immer genügend Zeit sein, um die Ergebnisse der Besprechung noch einmal zusammenzufassen und gegebenenfalls einen Folgetermin zu vereinbaren.

Wenn Sie die Zeitdauer einer Besprechung von vornherein verkürzen, dann kann das dafür sorgen, dass alle Teilnehmer konzentrierter arbeiten, um zu einem Ergebnis zu kommen. Das ist das Eieruhr-Prinzip, dass Sie bereits kennengelernt haben. Übertragen Sie es einfach auf Besprechungen.

Noch effizienter wird Ihre Besprechung, wenn Sie sie auf Randzeiten legen. Eine 30-minütige Besprechung, die um

11.30 Uhr oder um 16.30 Uhr startet, hat große Erfolgsaussichten, auch innerhalb der geplanten Zeit zu einem Ergebnis zu kommen.

> Um etwas Großartiges zu erreichen, benötige ich zwei Dinge: einen Plan und zu wenig Zeit.
>
> *Leonard Bernstein*

Wenn es Ihnen möglich ist, dann fertigen Sie auch während der Besprechung bereits das Protokoll an. Es besteht kein Grund, das Protokoll oder Ihre Notizen, die Sie während der Besprechung gemacht haben, noch ein zweites Mal anzufassen. Hier gilt das gleiche Prinzip wie für eingehende Emails. Das spart Ihnen enorm viel Zeit und alle Teilnehmer bekommen zeitnah das Protokoll zugeschickt.

Auf den Punkt gebracht

- **Emails:** Schalten Sie die automatische Benachrichtigung für eingehende Emails aus und fassen Sie jede Email nur einmal an. Erstellen Sie Regeln für einkommende Emails und nutzen Sie bereits die Betreffzeile für eine effiziente Kommunikation.
- **Kalender:** Tragen Sie sowohl private als auch berufliche Termine in einen gemeinsamen Kalender. Nutzen Sie Farben, um unterschiedliche Kategorien von Terminen zu kennzeichnen.
- **Vorlagen:** Verwenden Sie, wann immer es möglich und sinnvoll ist, Vorlagen (zum Beispiel für Grußformeln in Emails).
- **Not-to-do-Listen:** Auf Not-to-do-Listen halten Sie grundsätzliche Dinge fest, die Sie zukünftig nicht mehr machen wollen.
- **Besprechungen:** Optimieren Sie Ihre Besprechungen. Vermeiden Sie, wann immer möglich, Besprechungen. Falls sie sich nicht vermeiden lassen, dann planen Sie sie möglichst effizient.

Übungen

Sie haben das Buch bis hierhin erfolgreich durchgearbeitet. Herzlichen Glückwünsch!

Wenn Sie sich jetzt fragen, ob die Überschrift „Übungen" an dieser Stelle sinnvoll ist, so haben Sie Recht – sie ist es eher nicht, da wir alle Übungen bereits in vorherigen Kapiteln durchgeführt haben. Dennoch steckt eine wichtige Botschaft dahinter: Zeitmanagement ist ein kontinuierlicher Prozess. Sie werden nie an einem Punkt sein, wo Sie sagen können: „Jetzt kann ich Zeitmanagement und muss nichts mehr tun." Das Gegenteil ist der Fall. Jetzt wo Sie über das Thema Zeitmanagement Bescheid wissen, wissen Sie auch ganz genau was zu tun ist, um Ihre Zeit sinnvoller zu nutzen, mehr zu erreichen und eine höhere Lebensqualität zu erlangen. Insofern muss die Überschrift angepasst werden zu: Üben, üben, üben!

Zwei Aspekte sind hier besonders wichtig:

- Fangen Sie sofort damit an. Handeln Sie jetzt!
- Bleiben Sie am Ball!

Denken Sie daran, aller Anfang ist schwer. Halten Sie durch und Sie werden die Erfolge Ihrer Bemühungen bald sehen und genießen können.

Kapitel 7:
Die zehn größten Fehler

Der eine wartet, dass die Zeit sich wandelt,
der andere packt sie kräftig an und handelt.

Dante Alighieri

Durch die tägliche Anwendung von Zeitmanagement-Methoden können Sie Ihr Leben produktiver, erfolgreicher und erfüllter gestalten. Dennoch schleichen sich hin und wieder Fehler ein, die Erfolge zunichte machen.

In diesem Kapitel werden die zehn größten Fehler im Zeitmanagement betrachtet und erläutert, wie Sie diese vermeiden können. So klappt es mit effizientem Zeitmanagement auch im Alltag!

Sebastian ist zufrieden. Die Umsetzung der Methoden aus dem Buch ist ein voller Erfolg. Er freut sich jetzt jeden Tag auf die Arbeit und schafft es, regelmäßig ins Fitness-Studio zu gehen. Er empfindet seine Beziehung ausgeglichener und ihm ist auch aufgefallen, dass seine Freundin viel besser gelaunt ist.

Er ruft Benedikt an und bedankt sich noch einmal für den Tipp. Benedikt freut sich sehr für seinen alten Schulkameraden. Das nächste gemeinsame Abendessen, diesmal mit ihren Freundinnen, steht schon fest in den Kalendern der beiden. Bei der Verabschiedung scherzen beide, dass keiner von ihnen jemals wieder einen der zehn größten Fehler im Zeitmanagement machen wird.

Fehlende Zielsetzung

Zeitmanagement ohne Zielsetzung kann nur scheitern. Wer seine Ziele nicht kennt, der kann auch seine Zeit nicht effizient nutzen. Kennen Sie Ihre Ziele. **Werden Sie Ihr eigener Kompass!**

Es ist ein weitverbreiteter Irrtum, dass Zeitmanagement bedeutet, Zeit zu sparen. Vielmehr bedeutet Zeitmanagement, dass wir die Zeit, die uns zur Verfügung steht, sinnvoll nutzen. Zeit ist ein äußerst wertvolles Gut. Und wie viele wertvolle Güter, ist auch sie begrenzt.

Schon allein deshalb sollten wir alles Mögliche unternehmen, um die uns zur Verfügung stehende Zeit sinnvoll zu nutzen. Und das tun wir, wenn wir wissen, was wir in unserem Leben erreichen wollen. Machen Sie sich also Gedanken darüber, was Ihre Ziele sind und formulieren Sie diese so konkret wie möglich. Damit Sie auch hinter Ihren Zielen stehen, sollten Sie diese auf der Basis Ihrer Werte festlegen.

Nicht vergessen: Erst die Kombination aus beruflichen und privaten Zielen ergibt Ihr persönliches Lebenskonzept!

Schlechte Priorisierung

Eine gute Priorisierung von Zielen und Aufgaben ist sehr wichtig, wenn Sie Ihre Zeit effizient nutzen wollen. Legen Sie fest, was Ihnen am wichtigsten ist. **Werden Sie ein Profi im Priorisieren von Zielen und Aufgaben!**

Zu wissen, welche Ziele man hat, genügt noch nicht, um effizientes Zeitmanagement zu betreiben. Warum? Stellen Sie sich einfach vor, dass Sie eine sehr lange Liste an Zielen und Aufgaben angefertigt haben. Womit fangen Sie jetzt an? Sicher, Sie könnten oben anfangen und sich nach unten durcharbeiten. Aber wer garantiert Ihnen denn, dass das eine sinnvolle Herangehensweise ist?

> Wer die Zeit anklagt, will sich nur herausreden.
>
> *Thomas Fuller*

Das Pareto-Prinzip beschreibt, dass wir 80% unserer Ergebnisse in 20% unserer Zeit erzielen. Diese Aussage legt nahe, dass Sie sich nach dem Festlegen Ihrer Ziele Gedanken darüber machen sollten, welche Ziele Ihnen am wichtigsten sind. Erinnern Sie sich an den Satz von Zig Ziglar: „Die Hauptsache ist, die Hauptsache immer die Hauptsache bleiben zu lassen."

Fehlende Planung

Es ist ein Trugschluss, dass Planung und Zeitmanagement sich nicht vertragen. Das Gegenteil ist der Fall. Eine gute Planung benötigt zwar Zeit. Diese bekommen Sie am Ende aber mehrfach wieder zurück. **Werden Sie ein Planungsprofi!**

Klingt das für Sie erst einmal abwegig? Nun, dann kann ich Sie vielleicht mit folgenden Fakten überzeugen. Man stellte in Untersuchungen fest, dass bereits acht Minuten, die Sie in die Planung Ihres Tagesablaufs investieren, Ihnen am Ende eine Stunde Arbeitszeit ersparen. Das ergibt 52 Minuten, die Sie zum Beispiel für Ihr Hobby verwenden können.

Wenn Sie eine Aufgabe planen, dann schreiben Sie sich eine Zeitdauer vor, die Sie für die Erledigung dieser Aufgabe investieren werden. Das hilft Ihnen, sich zu fokussieren und sorgt dafür, dass Sie sich weniger leicht ablenken lassen. Das ist das bereits erwähnte Eieruhr-Prinzip.

Fangen Sie sofort an mit dem Planen. Seien Sie nicht wie der Waldarbeiter, der mit stumpfer Axt mühsam auf einen Baumstamm einschlägt. Schärfen Sie Ihre Axt zuvor, dann werden Sie schneller an Ihr Ziel gelangen.

Kein schriftliches Fixieren

Aus den Augen, aus dem Sinn. Lassen Sie es gar nicht erst soweit kommen. **Werden Sie ein Experte im schriftlichen Fixieren von Zielen und Aufgaben!**

Natürlich ist es uns allen schon einmal so ergangen. Gerade noch hatten wir eine wichtige, zu erledigende Aufgabe im Kopf, und im nächsten Moment ist die Erinnerung daran verschwunden. Vielleicht wissen wir sogar noch, dass etwas erledigt werden musste, aber nicht mehr genau was. Das muss nicht sein.

Sie müssen nicht einmal viel tun, damit Ihnen so etwas in Zukunft nicht mehr passiert. Sie müssen sich lediglich angewöhnen, Ziele und Aufgaben schriftlich zu fixieren.

Natürlich müssen Sie nicht ständig einen Zettel und einen Stift bei sich tragen. Nutzen Sie digitale Medien. Kaum jemanden trifft man heutzutage noch ohne Mobiltelefon an. Nutzen Sie es.

Schriftliches Fixieren ist kein Zeugnis dafür, dass Sie ein schlechtes Gedächtnis haben. Es sorgt dafür, dass Sie wichtige Ziele und Aufgaben nicht mehr aus den Augen verlieren.

Zu viel auf einmal wollen

Wer zu viel auf einmal will, wird am Ende oftmals mit nichts dastehen. Die Kunst besteht darin, etwas Großartiges zu wollen, sich diesem Ziel aber in wohldosierten Schritten zu nähern. **Werden Sie Ihr eigener Stratege!**

Nur die wenigsten Menschen werden über Nacht erfolgreich. Genauso werden nur die wenigsten Menschen über Nacht produktiv. Hinter beidem stehen langwierige Schritte, die gut geplant werden müssen.

Stellen Sie sich einfach vor, dass Sie einen Marathon laufen wollen. Das tun Sie auch nicht gleich auf Anhieb. Aber stetiges Training und ein etappenweises Herangehen wird schließlich dafür sorgen, dass Sie Ihr großes Ziel erreichen.

> Die Zeit hat keine Zeit zu warten, sie will erlöst werden.
>
> *Hugo von Hofmannsthal*

Oder, um es mit einer Redewendung zu sagen: Steter Tropfen höhlt den Stein. Nirgends ist das so zutreffend wir für das Thema Zeitmanagement.

Schlechtes Delegieren

Delegieren ist eine Kunst, so heißt es oft. Und es stimmt, wer produktiv und effizient arbeiten will, der muss diese Kunst beherrschen. **Werden Sie Experte im Delegieren von Aufgaben!**

Früher oder später werden Sie an den Punkt kommen, wo der Arbeitsumfang so groß geworden ist, dass Sie ihn alleine gar nicht mehr bewältigen können. Und das sollen Sie auch nicht! Beginnen Sie ruhig zeitnah damit, Aufgaben an andere zu delegieren. Dabei müssen Sie nicht erst warten, bis Sie eine Führungsposition inne haben.

Wichtig ist, dass Sie dennoch immer den Überblick behalten. Auch wenn Sie eine Aufgabe delegiert haben und nicht mehr direkt mit der Ausführung betraut sind, so tragen Sie dennoch die Verantwortung für die Erledigung der Aufgabe. Vergessen Sie also beim Delegieren nicht, einen festen Zeitpunkt festzulegen, bis zu dem die Aufgabe erledigt worden sein soll. Fixieren Sie diesen schriftlich und fragen Sie ruhig rechtzeitig nach, ob die Aufgabe rechtzeitig erledigt werden kann. Das Nachhalten gelingt am besten, wenn Sie eine Checkliste zu Hilfe nehmen.

Fehlende Organisation

Organisation ist alles! So lautet eine deutsche Redewendung. Und sie hat viel Wahres – vor allem in Bezug auf Zeitmanagement. Schaffen Sie Ordnung. Behalten Sie den Überblick. **Werden Sie ein Organisationsgenie!**

Wie oft haben Sie schon gesagt, dass Sie keine Zeit haben? Wie oft haben Sie sich schon darüber geärgert, dass Sie wieder nicht das geschafft haben, was Sie sich vorgenommen haben? Noch schlimmer: Eigentlich wissen Sie gar nicht genau, warum das so ist?

Um das herauszufinden, müssen Sie sich vorher einen Überblick darüber verschaffen, was Sie eigentlich tun und wie viel Zeit Sie dafür benötigen. Dann können Sie mit dem Organisieren beginnen. Sie werden sehen, das wirkt wahre Wunder!

Mein Tipp: Dokumentieren Sie Ihr Verhalten 3-5 Wochen lang und notieren Sie, wie viel Zeit Sie für welche Aufgabe benötigen. So können Sie Zeitfresser identifizieren und eliminieren. Jetzt steht einer guten Organisation nichts mehr im Wege.

Häufige Unterbrechungen

Häufige Unterbrechungen führen dazu, dass Sie sich immer wieder von Neuem in eine Aufgabe eindenken müssen, bis Sie wieder Betriebstemperatur erreichen. Das ist äußerst ineffizient und unproduktiv. Das muss nicht sein. **Werden Sie ein Profi im Vermeiden häufiger Unterbrechungen!**

Gerade wollten Sie sich noch voller Elan in die Arbeit stürzen, da flatterte schon wieder eine Email in Ihre Inbox. Natürlich müssen Sie die Email sofort lesen – sie könnte ja wichtig sein. Aber selbst wenn Sie es ist, ist sie auch dringlich?

Es gibt nur wenige Jobs, wo ständige Unterbrechungen durch Emails zum täglichen Geschäft gehören, wie im IT-Support zum Beispiel. Bei vielen anderen Jobs ist das nicht der Fall.

Ist doch nicht so schlimm, könnten Sie jetzt sagen. Ist es aber doch! Denn Sie verlieren Ihre Konzentration und müssen sich wieder in die Aufgabe eindenken, bevor Sie richtig loslegen können. Experten sprechen hier vom Sägeblatt-Effekt. Er ist Gift für produktives Arbeiten. Vermeiden Sie ihn, wo es nur geht!

Häufige Wiederholungen

Häufige Wiederholungen machen Sie nicht nur unproduktiv, sie schlagen sich auch auf Ihre Stimmung nieder, weil Sie das Gefühl haben, nicht das zu erreichen, was Sie gerne erreichen würden. Damit ist jetzt Schluss. **Werden Sie Fachmann im Vermeiden häufiger Wiederholungen!**

Wie war das nochmal? Das haben Sie heute schon mal gemacht? Kommt Ihnen das bekannt vor? Wenn ja, dann sind Sie einem typischen Fehler im Zeitmanagement erlegen.

Viele kleine Aufgaben, die Ihnen gar nicht wichtig vorkommen, können sich im Laufe eines Tages zu einer beachtlichen Zahl summieren und sorgen dafür, dass Sie unproduktiv arbeiten. Und das alles nur, weil Sie Ergebnisse nicht richtig dokumentieren und dadurch gezwungen sind, gleiche oder ähnliche Aufgaben mehrfach auszuführen oder zu durchdenken.

Schaffen Sie Abhilfe. Gewöhnen Sie es sich an, erledigte Aufgaben zu dokumentieren. So können Sie schnell darauf zurückgreifen und arbeiten effizienter.

Aufschieberitis

Machen wir es kurz: Natürlich gibt es unangenehme Aufgaben, die Sie dennoch erledigen müssen. Kümmern Sie sich sofort darum. Das befreit und gibt Ihnen das Gefühl, etwas geschafft zu haben. Geben Sie der Aufschieberitis keine Chance. **Werden Sie Spezialist im schnellen Erledigen unangenehmer Aufgaben!**

Im Wesentlichen gibt es drei Gründe für Aufschieberitis:

- Dinge, die für uns unangenehm sind, verschieben wir. Stattdessen beschäftigen wir uns mit angenehmen Kleinigkeiten.
- Dinge, die uns schwierig erscheinen, verschieben wir einfach auf unbestimmte Zeit.
- Dinge, die uns harte Entscheidungen abverlangen, schieben wir gerne nach hinten.

Natürlich gibt es Aufgaben, die Ihnen wenig Spaß machen, die aber gemacht werden müssen. Nehmen Sie die jährliche Steuererklärung als Beispiel. Es gibt nur wenige Menschen, die wirklich darin aufgehen, Ihre Steuererklärung zu machen. Trotzdem ist sie wichtig und muss gemacht werden.

Aufgaben, die Sie Tage, Wochen oder sogar Monate vor sich herschieben, demotivieren Sie und schlagen sich auf Ihre Stimmung. Dabei könnte alles so einfach sein. Tun Sie

Auf, und wende den Schritt heiter ins Leben hinein! Schmälre die Stunden nicht, die dir der Tag beschert.

Otto Julius Bierbaum

Dinge, die ihnen unangenehm sind, die aber gemacht werden müssen, sofort. Erledigen Sie sie gleich zu Beginn Ihres Tages. Fangen Sie ruhig bei Kleinigkeiten an. Zum Beispiel das Telefonat mit dem Zahnarzt, um einen Nachsorgetermin zu vereinbaren. Schon geschehen. Die lästige Aufgabe ist weg und Ihr Kopf ist frei für Dinge, die Ihnen wirklich etwas bedeuten und Ihnen Spaß machen.

Auf den Punkt gebracht

- Jeder ist anfällig, von Zeit zu Zeit wieder in alte Muster zu verfallen.
- Vermeiden Sie die zehn größten Fehler im Zeitmanagement. Diese sind:
  - Fehlende Zielsetzung
  - Schlechte Priorisierung
  - Fehlende Planung
  - Kein schriftliches Fixieren
  - Zu viel auf einmal wollen
  - Schlechte Delegation
  - Fehlende Organisation
  - Häufige Unterbrechungen
  - Häufige Wiederholungen
  - Aufschieberitis

Index

Literaturhinweise

7 Habits of Highly Effective People
Stephen Covey
384 Seiten, Simon & Schuster UK, New Edition, 2004

Der Weg zum Wesentlichen: Der Klassiker des Zeitmanagements
Stephen Covey
312 Seiten, Campus Verlag, 7. Auflage, 2014

Zeitmanagement - Taschenguide
Jörg Knoblauch et al.
251 Seiten, Haufe-Lexware, 2. Auflage, 2012

Die Bären Strategie
Lothar Seiwert
128 Seiten, Heyne Verlag, 2007

Noch mehr Zeit für das Wesentliche: Zeitmanagement neu entdecken
Lothar Seiwert
288 Seiten, Goldmann Verlag, 2009

Das neue 1x1 des Zeitmanagement
Lothar Seiwert
96 Seiten, Gräfe und Unzer Verlag, 12. Auflage, 2007

Zeitmanagement mit Microsoft Outlook
Lothar Seiwert et al.
242 Seiten, Microsoft Press Deutschland, 2013

Organisieren Sie noch oder leben Sie schon?: Zeitmanagement für kreative Chaoten
Cordulla Nussbaum
258 Seiten, Campus Verlag, 2. Auflage, 2012

Zeitmanagement im Job für Dummies – Das Pocketbuch
Jeffery J. Mayer, Reinhardt Christiansen
128 Seiten, Wiley, 2009

Zeitmanagement: Ein Trainingshandbuch für Trainer, Personalentwickler und Führungskräfte
Alexander Häfner et al.
90 Seiten, Hogrefe Verlag, 2014

Zeitmanagement und Selbstorganisation in der Wissenschaft: Ein selbstbestimmtes Leben in Balance
Markus Riedenauer, Andrea Tschirf
244 Seiten, UTB, 2012

Vom Zeitmanagement zur Zeitkompetenz
Elmar Hatzelmann et al.
156 Seiten, Beltz, 2010

Zeitmanagement für gestiegene Anforderungen
Zach Davis
80 Seiten, Junfermann, 2012

Über den Autor

Dr. Tobias Renk ist ein Multitalent. Er ist nicht nur ein erfolgreicher Manager bei einem der größten Unternehmen der Welt, sondern auch Gitarrist einer Alternative Rock Band und Autor mehrerer Gedicht- und Prosabänder. Tobias Renk war mehrere Jahre als Unternehmensberater tätig. Er hält Vorlesungen zu den Themen „Strategische Unternehmensentwicklung" und „Unternehmensführung" an verschiedenen deutschen Hochschulen und Universitäten. Weiterhin ist er ein gefragter Keynote Speaker zu Themen rund um Veränderung, Führung und Kultur in Organisationen.

In seiner Freizeit verbringt er gerne Zeit mit seiner Familie beim Wandern oder trainiert für den nächsten Laufevent.

Er freut sich auf jedweden Austausch und steht als Redner und Seminarleiter zur Verfügung. Er kann erreicht werden unter: contact@tobiasrenk.com.